BIBLIOTHÈQUE

DE L'ÉCOLE

DES HAUTES ÉTUDES

PUBLIÉE SOUS LES AUSPICES

DU MINISTÈRE DE L'INSTRUCTION PUBLIQUE

SCIENCES HISTORIQUES ET PHILOLOGIQUES

DEUX-CENT-UNIÈME FASCICULE

ORGANISATION MILITAIRE DE L'ÉGYPTE BYZANTINE

PAR

JEAN MASPERO

ÉLÈVE DIPLOMÉ DE LA SECTION D'HISTOIRE ET DE PHILOLOGIE
DE L'ÉCOLE PRATIQUE DES HAUTES ÉTUDES

PARIS

LIBRAIRIE ANCIENNE HONORÉ CHAMPION, ÉDITEUR

5, QUAI MALAQUAIS, 5

1912

Sur l'avis de M. Bernard Haussoullier, directeur de la conférence d'antiquités grecques, et de MM. Psichari et Serruys,
commissaires responsables, le présent mémoire a valu à M. Jean
Maspero le titre *d'élève diplômé de la section d'histoire et de philologie de l'École pratique des Hautes Études.*

Paris, le 5 novembre 1911.

Le directeur de la Conférence,
B. Haussoullier.

Les commissaires responsables,
J. Psichari, D. Serruys

Le Président de la Section,
G. Monod.

ORGANISATION MILITAIRE

DE

L'ÉGYPTE BYZANTINE

ORGANISATION MILITAIRE

DE

L'ÉGYPTE BYZANTINE

PAR

JEAN MASPERO

ÉLÈVE DIPLÔMÉ DE LA SECTION D'HISTOIRE ET DE PHILOLOGIE
DE L'ÉCOLE PRATIQUE DES HAUTES-ÉTUDES

PARIS

LIBRAIRIE HONORÉ CHAMPION, ÉDITEUR

5, QUAI MALAQUAIS, 5

—

1912

Tous droits réservés

Cet ouvrage forme le 201ᵉ fascicule de la Bibliothèque de l'École des Hautes-Études

ORGANISATION MILITAIRE
DE L'ÉGYPTE BYZANTINE

AVANT-PROPOS

—

Cette étude concerne seulement les deux derniers siècles qui précédèrent la chute de l'Egypte dans le monde islamique. Plus on observe, en effet, les institutions du Bas-Empire, plus on se convainc que le pas décisif qui fit de l'empire « romain » un empire « byzantin », dut être franchi dans la seconde moitié du ve siècle. Puis, vient une époque de transformation confuse et rapide ; avec la législation de Justinien, la métamorphose est accomplie.

D'une manière générale, l'organisation militaire tout entière est une preuve de ce fait. C'est durant le ve siècle qu'à la place de l'ancienne légion et de ses articulations compliquées, constatées pour la dernière fois dans la *Notitia Dignitatum*, s'élabore la nouvelle unité, si simple, qui formera les effectifs des armées de Justinien : l'ἀριθμός ou τάγμα. Dans le domaine des institutions provinciales, l'histoire du diocèse d'Egypte fournit un exemple également significatif.

La caractéristique la plus originale de l'Egypte ancienne, le *nome*, disparut sans doute au ive siècle (1), en tant qu'institution légale. Mais c'est seulement au ve, et probablement sous le règne de Léon, que fut inaugurée cette division du territoire en *pagarchies*, qui devait durer jusqu'à la fin de la domination byzantine, et même au-delà. Un papyrus du Caire nous apprend qu'en 551,

1. Cf. Gelzer, *Studien*, p. 62.

un certain pagarque Ménas était seulement le neuvième à exercer cette magistrature dans la ville d'Antaiopolis (1). En supposant une durée de 10 ans en moyenne à chacun de ses prédécesseurs, nous arrivons aux environs de l'an 470. De fait, la κώμη d'Aphrodité, dans le nome Antaiopolite, reçut son diplôme d'*autopragie* de l'empereur Léon (2), ce qui prouve que les pagarques existaient déjà sous ce règne ; et on ne peut guère remonter plus haut. Au point de vue militaire, le trait saillant de l'époque byzantine, c'est la substitution des *tribuni civitatis*, qui commandent à la garnison d'une *ville*, aux anciens officiers romains, chefs d'une *légion* ou fraction de légion. Or. le premier connu de ces τριϐοῦνοι apparaît en 474, sous le règne de Léon encore (3) : ce n'est peut-être pas un hasard. L'influence de cet empereur sur les destinées de l'Égypte se laisse ainsi deviner. Par malheur le vᵉ siècle, si décisif, est en même temps un des plus mal connus de l'histoire ancienne. En ce qui concerne les institutions surtout, il représente, à bien des égards, une regrettable lacune dans nos connaissances, lacune que les papyrus eux-mêmes, assez rares, ne sont pas venus combler.

Nous sommes beaucoup mieux renseignés sur les réformes accomplies par Justinien. Le XIIIᵉ Edit de cet empereur, promulgué en 539 (4), a établi sur de nouvelles bases l'administration du diocèse, par son remaniement des provinces, l'extension du pouvoir des ducs, la restriction de ceux de l'Augustal d'Alexandrie. etc... L'armée, quoiqu'il en soit peu question dans ce texte, a été touchée elle aussi par ce courant de rénovation. Le seul fait que ses chefs, les ducs, sont à présent les magistrats civils suprêmes dans leur province, est déjà gros de conséquences, en majeure partie fâcheuses. La γνῶσις perdue, qui devait terminer l'édit, comme on le voit par l'exemple de l'Edit d'Anastase sur la Libye, s'occupait certainement des autres officiers, de leurs traitements, même des soldats et de l'annone qui leur reviendrait. Toutes ces questions sont, en effet, élucidées dans le tableau général des dé-

1. P. byz. Caire 67002, II, 18 : ἤδη διαγεναμένων ὀκτὼ παγάρωχν μέχρι νῦν τῆς Ἀνταίου.

2. *Ibid.*, 67019, 6.

3. De Rossi, *Inscriptiones christianæ urbis Romæ*, I,861 : [Ἀ]μμώνιος τριϐ(οῦνος) Κοπρίθ(εως).

4. M. Gelzer, *Studien*, p. 22 sqq.

penses de la ville d'Antaiopolis, dressé πρὸς τὸν θεῖον νόμον καὶ τὴν νέαν διοίκησιν (1), c'est-à-dire conformément au XIIIᵉ Edit. Ce monument législatif fut accompagné d'un certain nombre de décrets particuliers (θεῖοι τύποι) (2), par lesquels Justinien établissait dans plusieurs villes d'Egypte des bataillons aux noms barbares destinés à renforcer les garnisons : Νουμίδαι Ἰουστινιανοί à Hermopolis (3), Σκύθαι Ἰουστινιανοί à Antaiopolis (4), à Apollônopolis magna (5); en Libye il créait les Παρατονῖται Ἰουστινιανοί et les Λίβυες Ἰουστινιανοί (6). Nous ne connaissons que ceux-là, mais le nombre des ἀριθμοί créés (ou refondus) par ce prince dut être considérable, au moins en Haute-Egypte, puisque le duc de Thébaïde, à partir de son règne, ajouta à ses titres celui de « préfet des soldats Justiniens » (πραίφεκτος Ἰουστινιανῶν) (7).

Le même empereur se préoccupa de même, sur d'autres points de son empire, de renforcer les organes de défense. Dans les cités de Syrie ou de Mésopotamie, il distribua cinq ἀριθμοί nouveaux, formés de Vandales prisonniers de guerre : les Βανδῖλοι Ἰουστινιανοί (8). Partout nous le voyons installer des corps de troupes nouveaux à la place, ou en outre, d'autres plus anciens : à Palmyre (9), à Martyropolis d'Arménie (10), en Chersonèse (11); partout il édifie des forteresses, des κάστρα, le long des frontières. Sa sollicitude, on l'a vu, n'a pas oublié l'Egypte. Et sans doute, dans cet étalage vaniteux, il peut y avoir une part de mensonge. L'empereur était prodigue de son nom, et tout ce qu'il appelle Ἰουστινιανός n'a pas été créé par lui : il peut n'avoir fait, parfois, que de légères retouches. Il n'en

1. P. byz. Caire 67057, I, 1.

2. C'est l'expression qu'emploie un papyrus de Londres, inédit, dont on trouvera à l'Appendice (art. Hermopolis) un extrait communiqué par M. Bell.

3. P. Lond., inédit. Cf. *Appendice*, art. Hermopolis.

4. P. byz. Caire 67057, I, 8.

5. P. Grenf, II, 95, l. 1.

6. Ed. XIII, 2, 1 (Cf. p. 147, note 2).

7. P. München, p. 24 : ...τοῦ τὰ πάντα ὑπερφυεστάτου στρατηλάτου καὶ πανευφήμου πραιφέκτου Ἰουστινιανῶν, σὺν Θ(ε)ῷ δουκὸς καὶ ἀγουσταλί[ο]υ τῆς Θηβαίων χώρας... Je ne vois pas d'autre sens à proposer.

8. Proc., *Bell. Vand.*, II, 14, p. 484. — D'autres soldats *Justiniens* paraissent en Afrique, à Rusguniæ, par exemple (C. I. L., VIII, 9248); en Italie, à Grado (C. I. L., V, 1591).

9. Malalas [Bonn], p. 426, 3.

10. *Ibid.*, p. 427, 17.

11. *Ibid.*, p. 432, 1-3.

reste pas moins qu'à partir de son Edit, l'armée d'Egypte a pris la
forme définitive qu'elle ne quittera plus désormais.

Ces considérations justifient ma résolution de borner une étude
sur l'Egypte *byzantine* aux vi⁰ et vii⁰ siècles. En théorie, mieux
vaudrait commencer avec la fin du v⁰ : mais les documents militaires sur l'Egypte sont à cette époque d'une excessive rareté, et
ne se suffisent pas à eux-mêmes. On peut croire, d'ailleurs, que sur
beaucoup de points la situation était la même qu'après la réforme,
les innovations de Justinien ayant complété plus souvent que mo-
difié dans son principe l'état de choses immédiatement antérieur.

Une autre limitation m'a été imposée par les circonstances.
L'armée d'Egypte, qui est ici en question, ne ressemble que partiellement aux armées byzantines que nous décrivent les historiens
contemporains, occupées à la guerre perse, vandale ou gothique.
Il existe des troupes exclusivement destinées à ces guerres de
grande allure, troupes qu'on transporte selon les besoins de la
politique étrangère. Pour chaque expédition, on les renforce de
mercenaires loués par l'empereur ou le général en chef, de contingents pris aux provinces à population belliqueuse, comme la
Thrace, l'Illyrie ou l'Isaurie. On leur adjoint enfin, si possible,
les garnisons des pays voisins du théâtre des opérations. Mais la
majeure partie de ces troupes n'ont d'attache spéciale avec aucune éparchie ; sans quartiers attitrés, elles constituent une
« armée d'empire », toujours disponible pour une expédition en
dehors de la *Romania*. Au contraire, il existe dans les provinces
des troupes cantonnées à demeure dans des stations fixes, et qui
n'en sortent pas. De celles-ci le rôle est obscur, se bornant à
repousser des incursions rapides sur les frontières : les historiens
n'en parlent presque jamais. Quelques-unes sont connues, dans
leurs grandes lignes, pour avoir fait l'objet d'une loi : en Afrique,
Justinien lui-même s'est donné la peine de dresser le plan
de défense (1). En Egypte, nous n'avons rien de semblable ;
l'Edit XIII⁰ ne s'occupe guère que des impôts ; le chroniqueur local, Jean de Nikious, est un évêque, peu curieux des détails militaires d'une époque qu'il n'a pas connue. Presque tous les renseignements que nous pouvons réunir sont indirects, sporadiques,
tronqués, contenus par hasard dans un papyrus ou dans une

____

1. Cod. Just., I, 27.

inscription dont la destination n'était nullement de nous les conserver. De tout ceci, résulte la nécessité de resserrer le sujet :

1° Ne prétendant ici qu'à exposer les traits distinctifs de l'organisation militaire *en Égypte*, et non en général, j'ai très briè-
vement indiqué les caractères généraux communs à toutes les armées byzantines, et qu'on retrouvera dans les écrits des historiens,
ou dans les traités de tactique du vi^e siècle ;

2° Les lacunes de la documentation m'ont obligé matérielle-
ment à la concision sur certains points importants, tandis que
d'autres recevaient un développement relativement considérable.
Ce travail paraîtra donc presque fatalement incomplet et mal
proportionné. Il faudra, pour donner à toute étude de ce genre
une architecture normale, attendre que de nouvelles publications
de papyrus viennent accroître le nombre, jusqu'ici fort restreint,
des documents militaires d'époque byzantine.

Ces découvertes, heureusement, ne peuvent manquer de se
produire dans un avenir prochain. Un traité comme celui que j'ai
entrepris est destiné à être rapidement périmé. Du moins, en
rassemblant et en classant les matériaux déjà existants, puis-je
espérer être utile à ceux qui mettront en œuvre les nouveaux.

Une description exacte de l'armée byzantine d'Egypte serait en
effet pour l'historien un avantage plus considérable qu'il ne semble
d'abord. Non seulement ce serait un pas de fait vers la connaissance des institutions ; mais aussi l'histoire des invasions
arabes, assez négligée jusqu'ici, s'éclairerait d'une lumière toute
nouvelle. Il est clair, quelle que soit la valeur de l'Histoire de
Butler, que son œuvre aurait beaucoup gagné à être précédée d'une
étude sur les forces militaires du diocèse d'Egypte, sur la hiérarchie des ducs et des tribuns, sur les fortifications des frontières.
Ainsi, l'existence d'un *limes* d'Augustamnique domine tout le
plan de campagne de 'Amr ibn el-'As. La cause de la défaite des
Grecs réside beaucoup moins dans l'hypothétique trahison du patriarche Cyrus, que dans les mesures de défiance prises par Justinien à l'égard des gouverneurs militaires, et dans ce fait, para-
doxal en apparence, que l'armée d'Egypte *n'était pas faite pour
la guerre*. Beaucoup des particularités que nous signalerons dans
ce diocèse se retrouvaient, sans doute, sur d'autres frontières de
l'Empire. Les garnisons de province, peu étudiées par les modernes et rarement citées par les anciens, fourniraient cependant

le sujet d'études détaillées fort intéressantes. J'ai essayé de mener
à bien l'une de ces études : c'est seulement quand toutes auront
été achevées que nous comprendrons pleinement, dans ses causes
et dans ses divers aspects, la grande crise du VIIe siècle, comparable pour l'Orient à ce que fut en Occident celle du ve.

En achevant ces quelques lignes d'introduction, qu'il me soit
permis de témoigner ici toute ma reconnaissance à MM. Haussoullier, Psichari et Serruys, qui ont bien voulu me donner
leurs conseils et revoir les épreuves de cet ouvrage, ainsi qu'à
M. H. I. Bell, qui m'a fort aimablement communiqué de nombreux et précieux renseignements sur les papyrus encore inédits
du British Museum.

Paris, novembre 1911.

CHAPITRE PREMIER

SITUATION DE L'ÉGYPTE DANS L'EMPIRE BYZANTIN

Le « diocèse d'Egypte » n'est pas l'Egypte, pas plus qu'aux
époques précédentes la province romaine, le royaume des Pto-
lémées ou l'empire des Pharaons indigènes ne s'étaient bornés à
l'Egypte proprement dite. De tout temps, l'un ou l'autre des
pays limitrophes, Syrie, Nubie ou Libye, — parfois tous ensemble, — avaient été annexés au noyau primitif. De la première
de ces dépendances pour ainsi dire naturelles, il n'était plus
question depuis la décadence des Lagides ; la seconde, sous Dioclétien, avait également été perdue, non seulement pour le diocèse, mais pour l'empire : on avait renoncé à *romaniser* la Nubie,
et la frontière était descendue dès lors à la place qu'elle garda
jusqu'à ces derniers temps, aux environs de la première cataracte.
Mais, du côté de l'Occident, l'Egypte conservait toujours son
complément séculaire ; le diocèse s'allongeait en bordure de la
Méditerranée, englobant la Libye et la Pentapole dans ses limites. Rien de plus différent, comme aspect physique et comme
civilisation, que la Libye, bordure maritime du Sahara, et la
vallée du Nil. Mais une longue histoire commune, l'analogie des
luttes contre les mêmes pillards du désert, la facilité des com-
munications entre les deux pays par ce « jardin » qu'était alors
la côte méditerranéenne d'Alexandrie à Cyrène, tandis que des
déserts les isolaient des autres provinces romaines, toutes ces
circonstances avaient fait des deux régions un tout indivisible.
On continue, au VI\ :sup:`e` siècle, à parler d'un « diocèse d'Egypte (1) »,
quoique le territoire fût désormais fractionné en cinq duchés in-

1. Georg. Cyp., 685 : διὰ τῆς αἰγυπτιακῆς διοικήσεως.

dépendants, dont la Libye formait l'un. Cette expression esf, à mon avis, quelque chose de plus que la « réminiscence historique » qu'y voit simplement M. Gelzer (1). C'est la constatation d'une unité restée moralement très réelle. L'évêque Jean de Majuma, dans ses *Plérophories* rédigées vers l'an 515, écrivait : « Cyrène est dans une partie de l'Egypte (2) ». Les traditions arabes ont connu cette situation : *Masr* (héros éponyme de l'Egypte) « garda pour lui l'espace compris entre la région des *deux Arbres*, près d'El Arich [Rhinocolure], et Assouan [Syène] en longueur, et entre *Barca* et *Aïlat* en largeur (3) ». Une étude militaire, comme d'ailleurs toute autre étude d'ensemble sur l'une des institutions byzantines en Egypte, serait incomplète si l'on excluait la Libye.

Même, vers la fin du vıᵉ siècle, le diocèse devait s'accroître encore de la Tripolitaine, enlevée à la préfecture d'Afrique, dont elle faisait partie depuis la chute du royaume vandale (4). Ce transfert dut être postérieur au règne de Justinien, puisqu'il n'en est question dans aucune constitution de cet empereur. Il nous est connu par Georges de Chypre (5), et doit, par suite, avoir eu lieu avant le règne de Phocas ; la date ne peut être précisée davantage. Ce fut là une disposition factice, éphémère pour être venue trop tard, et somme toute peu importante. En négligeant cette acquisition de la dernière heure, trois points délimitent avec exactitude le diocèse d'Egypte tel qu'il exista sous Justinien et ses successeurs : Rhinocolure, Borion et l'île de Philai.

Rhinocolure est, vers l'orient, la ville la plus avancée qui paraisse dans la notice d'Hiéroclès (6) comme dans la *Description* de Georges de Chypre (7). La limite se maintint entre elle et la cité voisine de Raphia en Palestine Iʳᵉ pendant toute la durée

---

1. *Studien...*, p. 29.

2. Chap. XIV : *Rev. de l'Or. chrét.*, III, p. 247.

3. Maqrîzî (I), p. 55. Le papyrus du Caire 67168 (inédit) atteste l'existence de relations commerciales entre la Libye et la Thébaïde elle-même : quelques moines du nome Hermopolite (supérieur) vendent leur vin à un certain « Théodore, évêque de Pentapole ». Autre allusion citée dans mon étude sur *Dioscore fils d'Apollôs* (Rev. des Etudes grecques XXIV, p. 465).

4. Cod. Just., I, 27.

5. Georg. Cyp., 795.

6. Hier., 726, 4.

7. Georg. Cyp., 691.

de la domination byzantine. ainsi que le prouve l'anecdote rapportée par les historiens arabes, au sujet de l'entrée d''Amr ibn el-'As en Egypte. Le calife 'Omar, lorsqu'après bien des hésitations il permit provisoirement à 'Amr de partir pour ce pays, l'avertit qu'il lui enverrait bientôt une lettre contenant ses instructions définitives : « Si tu la reçois, ajouta-t-il, avant d'avoir pénétré en Egypte, et que tu y trouves l'ordre de revenir, reviens. Si tu y as déjà pénétré quand tu la recevras, va de l'avant et demande à Dieu la victoire (1) ». 'Amr partit, bien décidé, quoi qu'il en fût, à ne pas rebrousser chemin. Un envoyé d'Omar l'ayant rejoint à Raphia (Rafah), l'émir, qui se méfiait du message, attendit sans l'ouvrir qu'on fût arrivé près d'Al-Arîch (Rhinocolure). Là, *ayant appris qu'il se trouvait en territoire égyptien*, il prit connaissance de la lettre et la lut à son armée (2). Rhinocolure était donc bien encore, au milieu du viie siècle, la porte de l'Egypte du côté de la Syrie.

A l'autre extrémité du territoire, *Borion* est cité par Procope comme la place la plus occidentale de la Libye Pentapole (3). Elle conserva ce rôle — purement théorique d'ailleurs — de borne frontière, jusqu'au jour où l'annexion de la Tripolitaine eût englobé de tous côtés le duché de Libye dans les dépendances du diocèse égyptien. Enfin, au sud, la partie de la vallée du Nil occupée par les impériaux s'arrêtait à la petite île de Philai, à quelques milliers de mètres en amont de Syène, depuis que Dioclétien avait retiré les garnisons romaines de la Basse-Nubie (4). Cet abandon fut définitif : jamais Byzance n'essaya de reconquérir le terrain cédé (5). Sous le règne de Maurice, on vit encore le duc de Thébaïde réparer les fortifications du *castron* de Philai, contre les incursions possibles des Nobades (6).

1. Ce récit se trouve, identique, presque partout : Belâdhorî, p. 212 ; Eutychios (II, p. 19 et 21 ; Yâqoût. art. *Fostât* ; Soyoûtî p. 63, etc...

2. Je ne vois pas de motif suffisant pour suspecter l'authenticité de cette historiette : il est certain que la conquête de l'Egypte fut l'œuvre personnelle de 'Amr, qui ne réussit qu'à demi à vaincre la répugnance du calife pour cette expédition dangereuse. En tout cas, le renseignement géographique que j'en tire est indépendant de la valeur historique du récit.

3. Proc., *Aed*, VI, 2, p. 333.

4. Proc., *Bell. Pers.*, I, 19, p. 105.

5. Sur la question de l'« exarchat de Talmis », voir plus bas, p. 128 sqq.

6. Sur ce fait, assez douteux, cf. plus bas, p. 26. En tout cas, une réparation eut lieu certainement sous Justin II, en 577 (Lefebvre, 584).

En ces trois points, où le diocèse touchait à des terres habitées, la ligne de démarcation est facile à préciser. Mais partout ailleurs le désert enserre l'Egypte. Chaque ville, en un certain sens, est ville frontière, puisqu'à travers les solitudes de sable ou de montagnes qui longent de si près chaque rive du Nil, les bandes pillardes des nomades peuvent toujours circuler inaperçues, et opérer une razzia dans les nomes les plus inattendus et en apparence les mieux protégés. D'autre part, les Byzantins n'ont pas complètement renoncé à la suzeraineté du désert, qu'avaient exercée les Romains. Le désert de l'est, l'Arabique, est la moins inhospitalière des deux fractions du Sahara que sépare la vallée du Nil. Les points d'eau y sont nombreux, surtout à la hauteur de la Thébaïde ; des nappes souterraines rendent parfois possible une végétation arborescente, steppe clairsemé où vivent aujourd'hui quelques tribus d'*Ababdehs*, descendants probables des Blemmyes. Les richesses minérales du sol, porphyres, émeraudes, etc., avaient été exploitées de tout temps, et encore par les Romains. Enfin, par des routes soigneusement entretenues, les caravanes allaient jadis de la Thébaïde, de Coptos principalement, aux ports de la Mer Rouge, Bérénice, Myos Hormos, qui faisaient le commerce avec les « Indes ». Il est fort difficile de dire en quelle mesure les Byzantins se firent les successeurs des anciens gouvernements du pays, dans cette exploitation du désert arabique. Aucun témoignage ne permet d'affirmer catégoriquement qu'ils aient abandonné les ports et les oasis qui jalonnaient les routes. Dans plusieurs de ces points d'eau (*hydreumata*), on a même relevé quelques graffiti coptes (1), indiquant peut-être que les pistes reliant le fleuve et la mer étaient encore fréquentées à l'occasion par des sujets de l'empire. D'autre part, depuis le vᵉ siècle, tous les textes semblent ignorer cette contrée : ni la *Notitia Dignitatum*, ni Hiéroclès, ni Georges de Chypre ne s'en souviennent. Seul le Géographe de Ravenne connaît encore, au vIIᵉ siècle, le chemin classique de Coptos à Bérénice : mais son autorité ne peut effacer celle des sources précé-

---

1. G. Bénédite, *L'Egypte* (collection des Guides Joanne), p. 618. La question est de savoir (chose presque toujours impossible) la date de ces graffiti. Et ce peuvent être des moines ou des Nubiens qui les ont tracés. — L'allusion la plus récente aux mines d'émeraude du désert arabique est celle d'Olympiodore (Patr. gr. tomo CIII, col. 276).

dentes, ni démontrer que cette route était toujours aux mains des impériaux. On croirait d'abord trouver un indice d'occupation byzantine sur la côte de la mer Erythrée, dans un passage du Synaxaire copte relatif à la ville d'ʿAydâb, qui est peut-être Bérénice (1). Cette ville est décrite comme un évêché situé « sur les frontières » des Barbares Bedjas, et « nos pères », dit le narrateur, « ont acquis ce diocèse dès le commencement », à cause de son importance commerciale (2). Mais, si le renseignement a une valeur historique, il faut, malgré l'apparence, le placer à une époque relativement récente : 1° parce que l'évêché d'ʿAydâb ne se retrouve dans aucune liste de notre époque ; 2° parce que nous savons, grâce à un témoignage singulièrement précis, que le Bas-Empire n'avait qu'un seul port de commerce communiquant avec les Indes, lequel était Klysma, au fond de la mer Rouge, à peu près sur l'emplacement de la ville actuelle de Suez (3). On peut du moins affirmer, d'après ce que nous venons de voir, que les anciens ports de la côte *arabique* avaient bien perdu de leur importance d'antan. Si l'on songe, en outre, que les Blemmyes, chassés de la Nubie vers 535 (4), se sont réfugiés précisément dans ces steppes désertiques de l'est où on retrouve encore de nos jours leurs descendants, on ne se refusera pas à supposer qu'ils durent consommer la ruine de ces établissements, en infestant les routes qui y conduisaient. Et ainsi, peu à peu, sans qu'on puisse fixer une date précise, la domination romano-byzantine cessa d'être effective dans ces parages : ce qui explique le silence total qui les enveloppe à notre époque.

Klysma, dominé par un *castron* (5), est le seul point, à l'est de la vallée du Nil, où cette domination fut solidement assise. En dehors de cette localité, certains couvents, comme celui de saint Antoine de la mer Rouge, purent recevoir quelques soldats, à l'exemple de ceux du Sinaï et de l'isthme de Suez (6). Mais c'est

1. On partait de Coptos pour y arriver, et il fallait 13 jours de chameau à travers le désert : ces données coïncident avec la situation de Bérénice.

2. *Synax. jac.*, 22 khoiak (*Vie de saint Barnabé*, évêque d'ʿAydâb).

3. C'est ce que dit l'auteur anonyme cité par le diacre Pierre (sainte Ethérie peut-être) : Itin. Hier, p. 116. Le commerce du port est réglé par un fonctionnaire (logothète) choisi parmi les *agentes in rebus*.

4. Voir plus bas, p. 14.

5. Hier, 728, 7.

6. De Klysma à la ville d'Arabia, l'abbesse Ætheria (p. 47) compte quatre

tout : le désert arabique, à la hauteur de l'Arcadie et de la Thébaïde, a été pratiquement abandonné par les Byzantins.

A l'ouest, au contraire, dans le Sahara libyque, ils se sont énergiquement maintenus. Là, les oasis sont plus rares, mais aussi beaucoup plus vastes, et leur fertilité était proverbiale à la fin du monde antique (1) : nous les retrouvons, dans le même état sensiblement qu'à l'époque romaine. Hibis, dans la Grande Oasis, et les stations secondaires du groupe, sont rattachées au duché de Thébaïde (2). Plus au nord, Augila, dans l'*hinterland* de la Libye, fut ornée d'une église par les soins de Justinien, qui en avait, au préalable, converti de force les habitants (3). Il y avait ainsi, autour de la vallée du Nil, tout le long de la rive gauche, et sur la droite au nord seulement, une sorte de territoire neutre, dont les Grecs occupaient quelques points dispersés, et que parcouraient à leur gré les Barbares, peu nombreux d'ailleurs dans ces régions inhospitalières. En dehors des trois bornes citées plus haut, il serait donc oiseux de parler des « frontières » du diocèse égyptien : la nature du terrain ne permettait pas d'en tracer, et au reste l'absence d'ennemis sérieux ôtait toute gravité à cette circonstance fâcheuse.

Certes, les Maures de Tripolitaine pouvaient devenir dangereux à l'occasion : c'est eux qui avaient tué le patrice Solomon, exarque d'Afrique, dans les temps troublés qui suivirent la guerre vandale (4) ; il est vrai qu'ils étaient loin, tout à l'extrémité du diocèse. Un duc d'Egypte, Aristomaque, dut conduire, sous le règne de Maurice, une expédition contre les Μαυρούσιοι de Libye, qui s'étaient avancés jusqu'au Nil, sur les bords duquel ils furent battus (5). Les moines de la vallée de Skété (Wâdî Natroûn) sont perpétuellement molestés par des pillards venus

---

monastères gardés par des soldats (fin du iv° siècle). L'histoire du couvent de sainte Catherine, au Sinaï, fortifié par Justinien, est bien connue (*Eutychios* (I), pp. 202-204).

1. C'est ce que montrait Olympiodore, dans l'ouvrage perdu dont Photius nous a conservé quelques extraits (*Patrol. gr.*, t. CIII, col. 272).

2. Hiéroclès (731, 6) les attribue à la Thébaïde inférieure, Georges de Chypre (782) à la Haute-Thébaïde ; la cause de cette modification est inconnue.

3. Proc., *Æd.*, VI, 2, p. 333 : οὐχ ὅσον ἐς τὰ σώματα τοῖς κατηκόοις ἐκποριζόμενος τὴν ἀσφάλειαν, ἀλλὰ καὶ τὰς ψυχάς etc...

4. Proc. *Bell. Vand.*, II, 21, p. 522.

5. J. N., c. xcv, p. 524.

des oasis intérieures (1). En descendant vers le sud, on entrait sur les territoires des célèbres *Maziques*, incommodes voisins de la Grande Oasis (2), qu'ils pillèrent ou rançonnèrent plus d'une fois du vᵉ au viiᵉ siècle (3). Sur la rive droite du Nil, on redoutait les *Saracènes* et les Blemmyes. Quelques petites tribus d'origine arabe parcouraient, en effet, la côte de la Mer Rouge, depuis le Sinaï jusqu'à hauteur de la Thébaïde. Le poète Dioscore d'Aphrodité célèbre une expédition dirigée contre eux par le duc de sa province (4). Il parle aussi, à cette occasion, des Blemmyes, qui auraient même, d'après un autre document, saccagé Antaiopolis vers le début du viᵉ siècle (5). Mais qu'étaient ces accidents médiocres et isolés, ces razzias de barbares, dirigées sans plan ni idée de conquête, exécutées par des poignées d'hommes, en comparaison de ce qui se passait sur les autres frontières de l'empire, en Mésopotamie, en Mésie, en Italie, en Afrique ? En fait, aucun danger apparent ne menaçait, au viᵉ siècle, la tranquillité de la vallée du Nil. Un seul peuple aurait pu se faire craindre : celui des Nubiens, qui ne l'essaya pas.

Depuis la fin de l'époque romaine, deux races belliqueuses,

---

1. Cf. par exemple le récit détaillé d'une attaque dans le *Synax. éthiopien*, 24 Sané (Vie de Mousé le Noir) ; l'enlèvement de Samuel de Qalamoun (*Rev. Hist. des relig.*, t. XXX, p. 33 sqq.). ; la fuite des moines devant les Maziques dans les *Apopht. Patrum* (Cotelier, *Eccles. Græc. monum.* I, p. 393).

2. « Visum est mihi aliquando intrare in interiorem eremum, quæ est circa Oasa, ubi genus est Mazicorum » (*Vitæ Patrum*, dans Patrol. lat., t. LXXIII, col. 1010).

3. Vers l'an 450, ils prirent part à l'invasion qui causa la fuite de Nestorius (Evagrius, I, 7). On les voit reparaître sous Tibère (Jean Moschos, *Prat. spir.*, c. cxii, dans *Patrol. lat.*, t. LXXIV, col. 177). Jean de Nikious les signale au début du règne de Maurice (c. xcv, p. 524). Dans ce dernier passage, en effet, il faut lire Màzîkòs (au lieu de Màrîkòs). La déformation du mot est attribuable à un copiste de la version arabe, qui a simplement oublié un point diacritique. Ils remontaient souvent jusqu'aux environs du Wàdî Natroùn.

4. P. byz. Caire, n° 67097, *verso* (C), 1 : Οὐ γὰρ ἔτι Βλεμύων γένος ὄψεαι, οὐ Σαρακηνῶν.

5. *Ibid.*, 67009, *verso*, 17-19 : διδάσκωμεν τὴν ὑμῶν (du duc) ἔνδοξον φιλανθρωπίαν, ὡς τῶν ἀλιτηρίων Βλεμύων βαρβάρων ἐπὶ τῶν πάλαι ἡμῶν γονέων παρειληφότων τὴν ἡμετέραν πόλιν, etc... Le papyrus dut être écrit vers 570 : l'événement auquel il fait allusion est sans doute antérieur de 40 ou 50 ans. Cf. d'autres allusions aux Blemmyes, au n° 67004.

les Blemmyes et les Nobades, se disputaient la souveraineté de la vallée du Nil en amont de Philai, de cette ancienne Dôdekaskhoinos que Dioclétien avait concédée aux seconds pour créer des compétiteurs aux premiers (1). Les Blemmyes avaient long-temps gardé l'avantage, et continué de menacer les terres d'empire par leurs incessantes incursions. Vaincus enfin en 452, ils s'étaient vu imposer par les Romains une paix de cent années (2), avant l'expiration de laquelle, apparemment affaibli pour des causes qui nous sont inconnues, leur royaume fut attaqué et détruit de fond en comble par leurs anciens rivaux les Nobades (3) (vers 535). Ces infatigables adversaires des Romains délivrèrent pour toujours l'Egypte byzantine de la crainte qu'inspirait encore leur souvenir ; désormais expulsés de la vallée du Nil, ils durent chercher un refuge dans les steppes qui s'étendent entre le fleuve et la mer Rouge, où l'on cesse bientôt d'entendre parler d'eux (4), si ce n'est, dans les premiers temps, à l'occasion de quelques pillages insignifiants.

Les Nobades restèrent uniques et tranquilles possesseurs de la Basse-Nubie pendant toute la durée de la domination byzantine en Egypte. Ils auraient pu devenir aussi encombrants que leurs anciens antagonistes (5) ; une suite de circonstances heureuses ne le leur permit pas. Ils étaient à peine installés dans leur conquête, qu'ils furent convertis au christianisme par un envoyé de Théodose, patriarche d'Alexandrie. Le royaume nobade entra ainsi dans la zône d'influence byzantine ; des évêques grecs et égyptiens parurent dans l'entourage des rois et s'y virent bien accueillis. En même temps que le christianisme, la civilisation commençait à pénétrer les Nobades : l'ancienne peuplade sauvage s'organisait peu à

---

1. Proc., *Bell. Pers.*, I, 19, p. 104-105.

2. Cf. Revillout, *Mém. sur les Blemmyes*, p. 45.

3. J. Maspero, *Théodore de Philæ* (Rev. Hist. Relig., t. LX).

4. Le dernier roi blemmye connu dans l'histoire est cité, en 580, par Jean d'Ephèse (*Hist. Ecclés.*, IV, 53) ; il ressort de ce texte qu'il était bien définitivement évincé de la vallée du Nil.

5. Le langage de Procope (*Bell. Pers.*, I, 19, p. 105) semblerait indiquer qu'ils le furent effectivement. Mais, d'abord, ce texte s'applique aux Blemmyes en même temps qu'aux Nobades ; ensuite, l'époque où il fut écrit n'est pas très postérieure à la pacification de la Nubie, qui ne dut pas être l'œuvre instantanée d'un seul jour. Aucun document ne laisse soupçonner une attaque des Nobades contre l'empire aux VIe-VIIe siècles.

peu en un état régulier, qui fut pacifique. Par suite, l'époque byzantine, jusqu'au règne d'Héraclius, fut pour l'Egypte une époque de paix extérieure presque complète ; aucun texte, aucune inscription, aucun papyrus ne fait allusion à une incursion nubienne en territoire d'empire, après l'événement de 535.

Bien protégé par ses déserts, à l'abri de tout voisin redoutable, le diocèse d'Egypte était donc un pays de facile défense, et n'exigeait pas la présence d'un nombreux corps d'occupation. Mais, sous le régime byzantin, la force armée avait encore bien d'autres besognes à exécuter, après la protection du territoire. Le brigandage, on le voit par les récits de l'évêque de Nikious, était prospère dans la vallée du Nil (1) ; la perception des impôts ne pouvait souvent s'effectuer que par la contrainte (2) : les ordres impériaux en matière de foi soulevaient de perpétuelles rébellions (3) ; chaque fonctionnaire devait être appuyé par la troupe. Surtout, la maîtrise tranquille et incontestée de cette province était pour les *basileis* une des conditions nécessaires à la stabilité du gouvernement : non seulement parce qu'Alexandrie était la seconde ville de l'empire, le centre d'un commerce considérable avec les pays orientaux et avec tout le bassin de la Méditerranée, mais surtout parce que cette province *frumentaire* fournissait, avec l'Afrique, le blé nécessaire à l'alimentation de Byzance. La sécurité d'un règne pouvait dépendre de l'arrivée régulière de cette flottille, qui chaque année, au mois d'août (4), mettait à la voile d'Alexandrie vers Constantinople. Justinien édicte des pénalités draconiennes contre tout fonctionnaire qui ferait preuve de négligence à cet endroit (5). Une sédition ayant un jour eu lieu à Alexandrie, sédition au cours de laquelle une

---

1. J. N., c. xcvi, p. 529-531 ; c. xcvii, p. 533, etc... Ces faits seront examinés plus loin en détail, p. 130-131.

2. 1. P. byz. Caire, 67002, II, 12 ; — Ed. XIII, c. 1, §§ 6, 7, 8 et *passim*. D'une manière générale, le XIII⁰ Edit de Justinien, consacré à l'Egypte, ne paraît considérer l'armée que comme une réserve de police au service de l'administration des finances. Ce rôle de gendarmerie se marque encore dans P.S.I., 47.

3. Ainsi, par exemple, l'intronisation du patriarche Apollinaire en 551 fut le signal d'un épouvantable massacre à Alexandrie (Eutychios, I, p. 200 ; Botros ibn Râhib (éd. Cheikho), p. 119 ; Al-Makîn, fol. 243ᵃ (Bibl. Nat. ms. arabe 294).

4. Ed. XIII, I, 6.

5. *Ibid.*, I, 6. Ils courent risque non seulement dans leur fortune, mais encore dans leur vie (ἀλλὰ καὶ τὴν σωτηρίαν αὐτήν).

partie du blé de l'annone fut jetée à l'eau, les ingénieurs de l'empereur exécutent d'immenses travaux pour éviter le retour de cette catastrophe (1). Et si la dernière année du règne de Phocas (609-610) fut constamment troublée par les séditions de sa capitale, ce fut certainement, pour une bonne part, parce que la révolte de l'exarque d'Afrique et l'occupation de l'Egypte par Nicétas, général des rebelles, avaient arrêté ou menaçaient d'arrêter les deux départs de l'annone.

Ainsi, toute attaque extérieure, toute sédition, tout accident, même infime en lui-même, qui interrompait si peu que ce fût la tranquillité de l'Egypte, avait sa répercussion dans l'empire entier : d'où nécessité, malgré les raisons développées plus haut, d'y entretenir des troupes en nombre considérable. L'Egypte était une des pierres angulaires de l'édifice byzantin.

Ces deux ordres de faits, diamétralement opposés l'un à l'autre, déterminent toute l'histoire militaire du diocèse : il eut une armée nombreuse, peu exercée à la guerre qu'elle avait rarement l'occasion de faire ; destinée surtout, en revanche, à jouer un rôle de police dans la province et à assurer la rentrée des impôts en nature contre la mauvaise volonté des contribuables ou les tentatives locales de brigandage.

1. Proc., Ed., VI, 1, p. 331.

CHAPITRE II

LE SYSTÈME DÉFENSIF DU DIOCÈSE

Le Haut-empire romain avait eu pour principe l'accumulation aux frontières de toutes les forces militaires, en bordure des provinces intérieurement démunies. Par suite, il avait fallu fortifier de façon imposante ces frontières devenues très importantes ; de préférence, on les poussait jusqu'au cours d'un fleuve, dont on jalonnait les rives de fortins espacés ; là où cette ressource faisait défaut, on établissait un *limes* (1). Les spécimens les mieux conservés, en Ecosse ou en Haute-Germanie, montrent quel travail formidable avait dû coûter la création de ces fossés continus, bordant un pays entier comme un camp retranché, des murs qui les renforçaient, des petites citadelles enfin, qui espacées de 8 à 10 kilomètres, quelquefois moins (6 ¹/₂ en Bretagne), complétaient ces lignes de défense. En Egypte, on ne songea jamais à reproduire des dispositions identiques, que la présence du désert, de tous côtés, rendait inutiles ; il y eut seulement quelques fortifications aux points faibles, à Syène par exemple. L'unique allusion faite à ce *limes* d'Egypte durant la période romaine, se trouve dans la Vie de Pescennius Niger, par Spartien (2).

Les Byzantins héritèrent le mot, et partiellement la chose ; au vi⁰ siècle, on continue à parler de *limites*, mais la définition en a notablement changé. C'est que, depuis le iv⁰ siècle et l'affaiblissement graduel de l'empire, la protection des provinces ne paraît

1. Sur le sens et l'histoire du mot *limes* à l'époque romaine, cf. R. Cagnat, art. *Limes*, dans le Dictionnaire de Daremberg et Saglio ; et Kornemann, *Die neueste Limesforschung* (Klio, 1907, p. 73-121), qui ajoute quelques mots à la fin sur le *limes* byzantin.

2. *Vita Pescennii*, 12.

plus suffisamment assurée par un rideau de troupes à la frontière : toutes les villes de l'intérieur se fortifient et se munissent de garnisons. Dès lors le *limes*, n'étant plus l'unique organe de défense, n'a plus besoin d'être aussi soigné. Là où ils eurent à innover, en Afrique, par exemple, où leur domination s'avança moins loin que celle des Romains, les Byzantins renoncèrent au *vallum* et au rempart continu : ils construisirent une ceinture de citadelles isolées, mais serrées les unes à proximité des autres. En même temps, le *limes* cesse d'être une ligne pour s'étendre en profondeur. Dès la fin du ive siècle et au ve, une extension abusive du mot l'applique à toute une province frontière : on dit indifféremment *comes Africæ* et *comes limitis Africæ* ; au vi^e siècle, dans l'Edit XIIIe de Justinien, le duché de Libye devient τὸ Λιβυκὸν (λίμιτον), et le législateur, employant un peu plus loin l'expression τὸ Θηβαϊκὸν λίμιτον, l'explique aussitôt par cette glose : τουτέστι δύο Θηβαΐδας. (1). Plus spécialement, et toujours dès le ve siècle, le même terme désigne une bande plus étroite le long de la province, une série de petites marches frontières, comme, par exemple, ces « limes Thamallensis », « limes Montensis », etc..., que la *Notitia Dignitatum* énumère à l'extrémité de la province d'Afrique (2). Le mieux connu de tous les *limites* proprement byzantins, — celui qui peut servir de type, — est celui qui couvrait la préfecture d'Afrique au vi^e siècle, et d'après lequel, en partie, M. Diehl a donné cette description sommaire du *limes* en général (3) : « d'abord... une série de villes fortifiées, reliées par une succession de postes (*castella*, φρούρια), assez rapprochés les uns des autres, solidement construits, bien pourvus d'eau et de vivres, et généralement occupés par de petites garnisons... A quelque distance en arrière, se développe une seconde ligne de citadelles, plus importantes celles-là et aussi plus espacées : ce sont d'ordinaire d'assez grandes villes, défendues par des garnisons plus nombreuses. » Dans l'intérieur du pays, enfin, l'ennemi supposé victorieux devait se heurter à chaque pas aux garnisons urbaines disséminées sur toute la surface de la province. La seule différence qui distingue le *limes* des districts de l'intérieur, c'est qu'entre les

1. Ed. XIII, 3, 1.
2. Not. Dig., Occ., XXV, 21 et 22.
3. Ch. Diehl, *Hist. de la domin. byz. en Afrique*, p. 142.

villes de la frontière, les κάστρα ou citadelles sont beaucoup plus
nombreux et rapprochés ; la quantité des places-fortes est plus
dense à la périphérie, et leur nature est autre, car les κάστρα, qui
dominent ici, sont en principe gardés par des soldats de caractère spécial, les limitanei ou καστορησιανοί.

Existe-t-il un *limes* semblable en Egypte au viᵉ siècle ? Il nous
en reste très peu de témoignages écrits ; encore sont-ils des plus
succincts. En général, l'expression de λίμιτον a ce sens très large
de « province frontière » que nous avons signalé plus haut (1).
Parfois pourtant elle se restreint, et, en Thébaïde au moins, désigne
bien cette sorte de *marche* des confins, qui est à cette époque le
véritable *limes*. Un papyrus de Syène fait mention d'un τοποτηρητής τοῦ λιμίτου, subordonné du duc de Thébaïde (2). A l'époque
arabe (dans les premières années du viiᵉ siècle), on distingue la
Thébaïde et le λίμιτον (3) : ce dernier ne peut donc être que la
zône fortifiée du sud, en face de la frontière nubienne, et il faut
bien que cette acception ait été courante aux siècles précédents,
pour s'être imposée aux conquérants musulmans.

Dans le détail, la série des forteresses ne nous est pas connue,
comme en Afrique par leurs ruines mêmes, ou comme en Mésopotamie et en Arménie par exemple, par la *Descriptio* de Georges
de Chypre. Celui-ci ne cite même pas Babylone, l'un des plus
formidables *castella* de l'empire entier. Si nous parvenons à en
dresser une liste très sommaire, c'est au hasard de documents
non officiels, qui ne nous font pas connaître avec netteté leur situation. Notamment ils négligent de faire la distinction entre les
deux catégories de places-fortes qui garnissent la frontière, les
πόλεις et les κάστρα. Or, cette distinction doit être maintenue avec
soin, car elle entraine, nous le verrons dans les chapitres suivants,
de profondes différences dans la situation militaire. On appelle
πόλις au viᵉ siècle le chef-lieu d'une circonscription civile, en Egypte,
par conséquent, celui d'une pagarchie (4) ; ses remparts lui per-

---

1. Ce sens apparaît non seulement dans les passages de l'Edit ci-dessus indiqués,
mais encore dans Lefebvre, 592, 598 (inscriptions de Philai), et peut-être dans
P. byz. Caire, 67076, 13 ; cf. B. G. U., 670 : τοποτηρητής ἄνω τοῦ λιμίτου =
vicaire du duc pour la partie supérieure du duché de Thébaïde.

2. P. Münch., p. 17.

3. P. Lond., IV, 1332 et 1333.

4. Le pagarque, dans les papyrus, porte toujours le titre de πάγαρχος τῆς (δεῖνα)
πόλεως. Je reviendrai sur cette question un peu plus en détail au chap. iv, p. 91 sqq.

mettent de jouer à l'occasion un rôle tactique, surtout si elle est voisine de la frontière. Mais c'est insuffisant ; entre les πόλεις, trop espacées, il a fallu construire d'autres forteresses, bâties, celles-là, dans le seul intérêt de la défense, isolées ou établies près d'un bourg d'importance secondaire : ce sont les *castra* (1), appelés encore φρούρια (2) ou φοσσᾶτον (3). Sans doute, la différence d'aspect n'est pas toujours très tranchée. Une ville pouvait être doublée d'un château-fort : ainsi Klysma, qui est une πόλις, est le plus souvent appelée *castrum* (4), parce qu'elle était dominée par une citadelle ; de même la ville de Philai voisine avec le κάστρον Φιλῶν (5). Les deux expressions sont justifiées : tout dépend du point de vue auquel on se place. Un fort de ce genre pouvait être ajouté à un bourg déjà existant, mais n'ayant pas rang de πόλις : tel est le cas de Syène, par exemple. Inversement, autour d'un *castrum* pouvait se développer une agglomération civile, comme à Babylone d'Egypte (6) : mais celle-ci n'avait alors pas droit à la qualification de πόλις. En somme, la distinction est toujours formelle en droit : mais elle pouvait être assez atténuée en pratique pour que des écrivains négligents, ou mal informés, l'oubliassent.

Or, le *Synecdème* d'Hiéroclès nous donne la liste, exacte en principe, des circonscriptions administratives, des πόλεις. Toute localité, signalée par un texte quelconque comme étant fortifiée et gardée de soldats, et qui n'est pas cataloguée dans cet ouvrage, ne pourra donc être autre chose qu'un κάστρον. Rares dans l'intérieur du pays, où ils sont réservés à la protection à distance des très grandes villes (Alexandrie), ou à la défense de certains points stratégiques particulièrement importants (Damiette ?) ces forts sont l'élément caractéristique du *limes* (7).

1. C'est le terme officiel (*Cod. Just.*, I, 27, 2, 8, etc...) ; d'où le nom de καστρησιανοί donné souvent aux *limitanei*.

2. Φρούριον Ἐλεφαντίνης : P. Münch., p. 23. Le φρούριον de Philai est cité par Procope (*Bell. Pers.*, I, 19, p. 106).

3. Ed. Anast., c. 8 ; le φοσσᾶτον de Babylone est connu par des papyrus d'époque arabe (P. Schott-Reinhardt, IX, 11 ; P. Lond., IV, 1335 (l. 5), 1349 (l. 15), etc...).

4. Hier., 728, 7 (Κλύσμα κάστρου) ; cf. *Peregr.*, p. 46, l. 26 ; de même, comme me le signale M. Serruys, dans la vie de saint Athanase *in Clysmate* (éd. Papadopoulos Kerameus, Ἀνάλεκτα Ἱεροσολυμιτικῆς σταχυολογίας, t. V, p. 363).

5 Hier., 732, 2 (Φίλαι) ; sur son κάστρον, voir plus bas, p. 26.

6. C'est ce qui ressort de quelques récits arabes ; cf. aussi la note de M. Casanova dans sa traduction de Maqrîzî (II), p. 120, n. 4.

7. La liste de ceux qui sont connus est dressée à l'Appendice.

Il tombe sous le sens que le pays n'avait nullement besoin d'une ceinture continue de fortifications ; de Syène à Memphis, de chaque côté de la vallée du Nil, le désert suffisait à sa protection. Les quelques entreprises de pillage dirigées par les Blemmyes (ou soi-disant tels) et les Saracènes ne valaient pas l'effort énorme et dispendieux qu'aurait exigé la construction systématique d'une ligne de fortins et de petits postes à la lisière du Sahara. D'ailleurs, comme nous le verrons, la plupart des πόλεις, toutes peut-être, avaient leurs murailles ; et comme, en Haute-Egypte, chaque cité peut à peu près se considérer comme frontière, la construction de *castella* spéciaux eût été superflue.

Les traditions arabes ont conservé le souvenir d'un mystérieux *Hait al-'agoûz*, le « Mur de la vieille », rempart colossal qui s'étendait d'Al-Arîch (Rhinocolure) sur la Méditerranée, à Assouân (Syène). C'était l'œuvre d'une antique reine d'Egypte, nommée Daloukah, qui pensait ainsi protéger ses états contre les invasions. Maqrîzî, parlant de cette muraille, déclare que de son temps il en subsistait encore des tronçons dans le S'aîd (Haute-Egypte) (1), etc... En fait, de Syène à Philai, un grand mur de terre crue protégeait la route qui borde la cataracte (v. page 25). Près de Rhinocolure, des *castra* retranchés devaient marquer la frontière (p. 28). Enfin, dès l'antiquité la plus reculée, les riverains du fleuve avaient coutume d'édifier de place en place, aux confins des sables, de petits postes en briques, d'où l'on pouvait surveiller l'accès des principaux ouadis conduisant au Nil. Aujourd'hui encore on rencontre parfois, à peu de distance dans la zône des falaises rocheuses, des restes de tours ou de pans de mur, impossibles à dater précisément. C'est sans doute ce qui a donné naissance, pendant l'époque arabe ou même avant, à la légende étrange et puérile du « mur de la vieille ».

Quant aux points excentriques du diocèse, aux oasis de Libye, de Thébaïde, du désert arabique, il ne peut être question pour eux que de défenses isolées, spéciales à chacun d'eux. Nous sommes, au reste, fort mal renseignés sur leur situation militaire. Klysma au fond de la Mer Rouge (2), la Grande Oasis (3), sont

---

1. Maqrîzî (I). p. 105-106 ; cf. Abou Sàlih, fol. 19ᵇ (éd. Evetts).
2. Hier., 728, 7. On a vu que Klysma possédait un κάστρον.
3. *Ibid.*, 731, 6.

comptés par Hiéroclès au nombre des πόλεις d'Egypte : elles devaient donc avoir leurs tribuns (1), et par suite leurs garnisons. La ville de Hibis, dans la Grande Oasis, était entourée à grande distance d'anciennes forteresses romaines qui gardaient les vallées environnantes. Ces forteresses durent servir encore aux Byzantins des siècles postérieurs. Près de l'une d'elles, appelée par les Arabes *El-Deir* (le couvent) (2), énorme bâtisse carrée flanquée de quatre tours d'angle et de huit tourelles de côté, on remarque une petite chapelle couverte de graffiti coptes, et apparemment dédiée à l'archange saint Michel. Comme il n'y a jamais eu de village en cet endroit, la chapelle n'a pu servir qu'à la garnison de la forteresse.

D'ailleurs, il semble que l'Etat se soit médiocrement occupé de la défense de certaines localités trop éloignées dans le Sahara, et trop peu considérables ; les habitants prenaient eux-mêmes les dispositions qu'ils pouvaient. Les nomades font de fréquentes incursions dans la vallée de Skété (3), sans jamais rencontrer d'autres adversaires que les moines qu'ils détroussent impitoyablement. L'oasis libyque d'Ammon semble même avoir été, au moins de temps en temps, en leur complète possession ; si vraiment c'est dans cette retraite, comme tout semble l'indiquer, que fut retenu prisonnier Samuel de Qalamoun, au commencement du viie siècle (4).

Ainsi, au milieu du désert, quelques points fortifiés, isolés, non reliés en un système ; et peut-être, en bordure du désert, le long de la vallée et jusqu'au delta, quelques murs ou fortins de brique crue, barrant les routes du dehors trop fréquentées par les Barbares, voilà tout ce que possédait la Haute-Egypte, le long couloir qui forme le « S'aîd » d'aujourd'hui. Rien qui ressemble à un *limes* : il n'y avait pas même de frontière.

Mais le désert n'enfermait pas l'Egypte de tous côtés ; trois portes restaient ouvertes, donnant sur la terre du Nil : celle de

1. Cf. plus bas, p. 91 et seq.

2. Cette forteresse a été décrite et photographiée par W. de Bock, *Matériaux pour servir à l'archéologie de l'Egypte chrétienne*, Pétersbourg, 1901.

3. Synax. éth., 24 Sané (Vie de Mousé le Noir, qui meurt en défendant le couvent de Saint-Macaire). Cf. plus haut, p. 13, note 1.

4. Cf. Amélineau (*Rev. Hist. Rel.*, t. XXX, p. 33). D'après Georges de Chypre, l'oasis appartenait encore à l'empire (787°).

Libye, qu'avoisinait un groupe important de Μαυρούσιοι insoumis,
ennemis nés des villes grecques de la côte ; la haute vallée du Nil
en amont de Philai, voie naturelle et facile des incursions nu-
biennes ; enfin l'isthme de Suez, au delà duquel s'étendait la
province romaine de Palestine, mais aussi les territoires vagues
du Sinaï et du plateau de Tîh, hantés par les tribus arabes. Portes
peu menacées, semblait-il, mais qu'il importait cependant de munir, en prévision de l'avenir incertain.

§ 1. — *La frontière de Libye*.

Au début du vɪᵉ siècle, l'empereur Anastase avait adressé au
duc de Pentapole, Daniel, un édit réglant certains détails d'administration, en particulier les devoirs et les droits des troupes
cantonnées dans cette province (1). Ce texte nous permet de nous
figurer assez exactement la situation militaire de la Pentapole.
Anastase distingue deux catégories de soldats : ceux qui font partie des ἀριθμοί, ou soldats réguliers de l'armée d'empire ; — et
les καστρησιανοί (*limitanei*), soldats colons, propriétaires de domaines concédés par l'Etat sur la frontière, à charge pour eux
de la défendre. La seule présence de ces καστρησιανοί groupés autour de leurs *castra*, nous avertit de l'existence d'un *limes*. Mais
l'Edit nous donne encore quelques détails sur leur organisation.
Ils étaient chargés de surveiller les routes, de contenir les tribus
insoumises, et d'empêcher les sujets romains de se rendre
en pays barbare sans permission spéciale du duc ; ὥστε τοὺς
καστρησιανοὺς μετὰ πάσης ἐπιμελίας συναλλάττιν καὶ μὴ συνωνῆς χάριν τινὰ
παρειέναι ἐπὶ τοὺς βαρβάρους, μήτε τὰ ἀλλάγματα πρὸς αὐτοὺς τιθέναι, ἀλλὰ
φυλάττιν αὐτοὺς καὶ τὰς ὁδοὺς ἐπὶ τῷ μήτε Ρωμαίους μήτε Μάκας (tribu
alliée) μήτε ἕτερόν τινα δίχα προστάγματος τὴν πάροδον ἐπὶ τοὺς βαρβάρους
ποιεῖν, etc... (c. 11). Les καστρησιανοί étaient donc bien postés tout le
long de la frontière, ligne fortifiée munis de *castra* évidemment
très rapprochés. C'est le premier élément du *limes*. Justinien dut
certainement conserver ce dispositif, puisqu'ailleurs, après avoir
arraché l'Afrique aux Vandales, il installa tout le long du désert,

1. Publié par Zach. von Lingenthal dans les *Monatsberichte* de l'Académie des
sciences de Berlin (1879).

abandonné aux Maures, un cordon analogue de *limitanei*(1). Quant à l'autre province de Libye, dont la situation géographique et politique était exactement la même que celle de l'éparchie voisine de Pentapole, elle devait être pareillement protégée. D'ailleurs, depuis Justinien, les deux éparchies furent fondues en une seule (2).

Derrière cette première barrière, les villes du pays étaient en outre fortifiées, pour le cas où les *castra* n'auraient pas suffi à arrêter l'envahisseur. Justinien se préoccupa beaucoup d'assurer la sécurité du duché libyen. Non seulement il en réorganisa l'armée régulière, par la création des corps de Libyens Justiniani et de Paratonitae Justiniani (3), mais il fonda ou répara les remparts de la capitale, Paratonion, et de plusieurs villes ou forteresses, Antipyrgos, Teucheira, Bérénice, Ptolémaïs, Borion enfin, l'avant-garde vers l'occident (4). Ces précautions furent efficaces, car on sait qu'un siècle plus tard le duc de Libye, Flavien (5), réfugié à

1. *Cod. Just.*, I, 27, 2, 8.

2. Ed. XIII, 2, 1. Ce fut pour peu de temps du reste (cf. Georg. Cyp., 787ᵃ et 788).

3. Ed. XIII, 2, 1. A ce sujet, voir plus bas, p. 147.

4. Proc., *De Æd.*, VI, 2. En outre deux couvents, ceux d'Ἀγριολώδης et de Δινάρθιον, sur les confins de la Pentapole, furent fortifiés et purent servir de *castra*.

5. J. N., c. cxx, p. 578. Le texte lui donne le nom d'Aboûlyânôs, qui suppose un thème arabe ابوليادوس. M. Serruys me signale que les noms propres Ἄβουλ (P. Lond., II, p. 275) et Ἄβουλιος (Stud. Pal., X, p. 234, 1) sont connus, et ont pu fournir régulièrement un dérivé Ἀβουλιανός. La lecture Aboûlyânôs pourrait donc, à la rigueur, se conserver. Toutefois la chose est peu vraisemblable : 1° parce que les vocables Aboul et Aboulios sont purement coptes, et qu'un duc de Libye devait presque certainement être un indigène de cette province, depuis la réforme de Justin II (cf. plus bas, p. 84) ; 2° parce qu'un mot commençant par les syllabes *abou*, quand il a passé par une transcription arabe, est nécessairement suspect. Les Arabes ont souvent transcrit des sons étrangers par des mots de leur propre langue présentant vaguement la même assonance, et le mot *Abou* « le père » est un des plus fréquemment usités en pareil cas : cf. aboûdiâqoûn = ὑποδιάκονος (*scala copto-arabe* publiée par Kircher, *Lingua ægyptiaca restituta*, p. 218) ; Aboûkîr = Ἄπα Κῦρος, Aboûsîr = Busiris ou Taposiris ; ⲠⲞⲚⲘⲞⲚⲢⲞⲤ (nom de village) = Aboûl Noumroûs (cf. Amélineau, *Géogr.*, p. 361), etc... Pour retrouver le mot grec, il faut considérer deux choses : l'*a* initial est sans doute un alif prosthétique, indiquant que le thème primitif débutait par deux consonnes ; par suite, il faut écarter l'élément *ou*, ajouté pour le motif d'assimilation ci-dessus indiqué. Le prototype grec serait donc quelque chose comme Blianos ou Flianos. Le *b* arabe, en effet, a souvent servi à rendre le ç, qui, prononcé par les Coptes, ressemblait

Teucheira, put, à l'abri de ses murailles, résister victorieusement
à la première invasion arabe.

Plus tard, dans la seconde moitié du VIᵉ siècle (l'époque exacte
est inconnue), le diocèse égyptien fut encore agrandi vers l'ouest :
en même temps que les deux Libyes reprenaient chacune leur
vie séparée, la Tripolitaine était détachée du diocèse d'Afrique et
annexée à celui d'Egypte (1). L'étude de cette partie de la frontière a été faite par M. Diehl (2), pour l'époque où son duc dépendait encore du « magister militum » d'Afrique : il y relève au
moins deux villes fortifiées, Leptis magna et Gabès, et deux
κάστρα, Sabaratha (3) et un anonyme près de Gabès. C'est dire
que les moyens défensifs devaient être à peu près analogues à
ceux que nous avons rencontrés en Libye. La province, en chan-
geant de diocèse, dut garder intacte son administration.

§ 2. — *La frontière de Nubie.*

Longtemps elle avait été la plus exposée. Dioclétien, en
abandonnant la Dôdekaskhoinos et en transportant la frontière à
Philai, avait établi dans l'île un castrum (φρούριον) puissant (4).
C'est peut-être aussi à son règne qu'il faut attribuer la création
d'une enceinte, dont on apercevait encore quelques vestiges le
long des berges, avant l'inondation produite par le barrage d'Assouân. De même, un large mur de briques crues, que Letronne
regarde comme contemporain (5), barrait la vallée du fleuve en

plutôt à un π aspiré : ainsi ἐπιφί = *abîb* ; Φειδ, nom propre = *Abîb* également
(Synax. ar. 25 Bâbeh, *Vie de saint Apollô*) ; φαρμοῦθι = *barmoûdah* ; ΦΕΑΒΕC
(nom de ville) = Bilbeis, etc... La forme Φλιανός fait songer à Φλαβιανός ou
Φλαουιανός. C'est ainsi que dans la *Réfutation d'Eutychius* de Sévère d'Achmouneïn
(*Patrol. orient.*, III, fasc. 2, p. 168 [48], l. 7), le patriarche Flavien de Constantinople est appelé Aboûlînâs. La suite des lettres semblables, distinguées seulement par les points diacritiques, aura peut-être égaré le premier copiste qui en a
passé une, le *b* (ابلينوس pour ابلمينوس) ; ou, plus simplement, le *w* a été
transposé, par attraction vers la forme *abou* : Abl(a)ouianos est devenu Aboulianos.

1. Georg. Cyp., 795.
2. Ch. Diehl, *op. cit.*, p. 228 sqq.
3. Proc., *De Ed.*, VI, 4. p. 337.
4. Proc., *Bell. Pers.*, I, 19, p. 106.
5. Letronne, *OEuvres complètes* (éd. Fagnan), 1ʳᵉ série, t. I, p. 71-72.

face du *castrum*, partant de la rive et se prolongeant à travers le désert jusqu'à Syène, où sans doute il se confondait avec les murailles propres de la ville. Après Dioclétien, et malgré l'attitude qu'il crut habile de prendre envers les Nubiens, le danger persista. Ces ouvrages de défense furent complétés et réparés aux époques suivantes. Au début du Vᵉ siècle, l'île portait encore ce *castrum* et avait une garnison. C'est ce que nous apprend la requête d'Appion, évêque de Syène, à l'empereur Théodose II (1) :

« .....φρουρεῖσθαι τὰς ἐμὰς ἁγίας ἐκκλησίας ὑπὸ τῶν παρ' ἡμεῖν στρατιωτῶν, καὶ ἐπιθέσθαι αὐτοὺς ε..... ὑπακούειν περὶ πάντων, καθὼς οἱ ἐν Φίλῳ [Κά]στρα καλουμένῳ φρουρίῳ, etc..... »

Le Nil, resserré en cet endroit entre ses deux rives granitiques, facilitait singulièrement la défense. Le petit poste de Philai suffisait à intercepter toute flottille ennemie, le mur et les deux villes à repousser une attaque de terre ferme. Les fortifications de l'île et le κάστρον furent soigneusement entretenus par les Byzantins, même au VIᵉ siècle, après que les victoires des Nobades sur les Blemmyes, et la conversion des vainqueurs au christianisme (vers 543), eurent considérablement atténué les dangers du voisinage. Sous Justin II, en 577, on voit le duc de Thébaïde, Théodore, réparer le quai et la muraille qui ceignaient la petite île et la rendaient difficilement accessible (2). Ses successeurs, sous Maurice, continuèrent à veiller au bon état des fortifications, s'il faut se fier à quelques inscriptions de date douteuse, que j'ai cru pouvoir situer dans les dernières années du VIᵉ siècle (3).

Philai, malgré la présence d'un κάστρον, était une πόλις, l'unique πόλις de la région du *limes*. Derrière elle, deux κάστρα au moins complétaient la défense : Eléphantine, qualifiée de φρούριον par un papyrus et occupée par un bataillon (4) ; et Syène, où stationnait un autre détachement de soldats, l'ἀριθμός (ou λεγιών) Συήνης (5). Peut-être quelques petits fortins, dans l'archipel nilo-

1. Texte restitué par Wilcken (*Archiv für Pap.*, 1, p. 400), l. 7-9 du papyrus. Le mot Κάστρα est douteux, mais le sens de la phrase ne dépend pas de cette lecture.

2. Lefebvre, 584.

3. *Ibid.*, 592 et seq. ; voir plus bas, p. 102, note 2.

4. P. Münch, p. 23 : ...τοῦ ἀριθμοῦ [τ]ῶν στρατιωτῶν τοῦ φρουρίου Ἐλεφαντίνης (Inv., n° 105, l. 1).

5. P. Münch., p. 10 (Inv., n° 96, l. 20). Le *castrum* de Syène est expressément

tique qui domine la cataracte, ou sur la rive, de Syène jusqu'à la
hauteur de Philai, achevaient-ils la constitution du *limes*. C'est
ainsi, par exemple, que le couvent de Saint-Siméon, en face
d'Assouân, a bien pu, à l'abri de ses hauts remparts, renfermer
un poste de quelques soldats.

§ 3. — *La frontière de Syrie.*

Le *limes* d'Augustamnique, qui couvrait l'Egypte du côté de
l'Asie, était évidemment le plus important. Non pas qu'avant le
VIIe siècle on ait eu à enregistrer aucune attaque sérieuse venant
de cette direction ; mais cette attaque pouvait se produire un
jour, et en ce cas elle serait de toutes la plus dangereuse, puisqu'ici on n'avait plus affaire à des tribus pauvres et peu nombreuses, mais aux royaumes arabes, déjà bien constitués, de la
Syrie, et à l'empire des Perses qui suivait sous les derniers Sassanides une politique de plus en plus aggressive. Sous Anastase,
on avait vu quelques bataillons perses, lancés dans le Delta,
piller jusqu'aux faubourgs d'Alexandrie (1). Le fait ne s'était pas
renouvelé, mais il avait révélé la réalité du danger. Non seulement
il s'agissait de protéger les riches cultures de la Basse-Egypte,
mais encore il fallait fermer solidement cette porte ouverte sur
l'Orient, par où l'on arrivait si vite à la capitale.

Notre seul document, ici, sera l'histoire même des invasions,
celle des Perses vers 617, et celle des Arabes en 640. Remarquons d'abord que le *limes* d'Augustamnique, par une anomalie
qu'explique la nature du pays, ne se trouvait certainement pas à
la frontière théorique de la province. Cette frontière, à la vérité
mal définie, peut se représenter par une ligne droite coupant le
désert entre la Mer Rouge et la Méditerranée, entre Klysma et
Rhinocolure. Or, aucune ligne de fortifications ne barra jamais

cité par un autre document : κέλλαν διακειμένην ἐπὶ τὴν Συήνην καὶ περὶ τὸ
νότινον μέρος τοῦ φρουρίου (Publié par L. Wenger, dans *Zeitschr. der Savigny-
Stiftung* 32 (1911), Rom. Abt. p. 327, l. 18 du papyrus).

1. Eutychios, I, p. 192 ; l'Augustal était Astât (Eustathe). L'événement se serait
passé en la 10e année d'Anastase (500). Cf. Al-Makin (Bibl. nat. ms. ar. 294,
fol. 237^b).

ainsi l'isthme de Suez. L'abbesse Ethérie, visitant le pays à la fin
du ɪᵛᵉ siècle, énumère les *castra* de Klysma à Arabia, sur
l'ancien canal de Trajan : le premier est à Magdalos (1), à peu
de distance de la pointe méridionale du lac Menzaleh, à 75 kilomètres environ de Klysma, et les autres sont en arrière, dans la
direction du Delta. Rien ne comblait ce vide considérable ; la
Notitia Dignitatum ne signale rien non plus dans ces parages.
Aucun indice ne laisse croire que cette porte ait jamais été
fermée, et cela serait peu vraisemblable, puisqu'elle ne donne accès que sur le désert, des deux côtés. Toutes les πόλεις orientales
de la province d'Augustamnique restent ainsi en dehors du *limes*
proprement dit : au sud, Klysma, protégé par son *castrum* (2) ;
au nord, les cités riveraines de la Méditerranée, Rhinocolure,
Ostrakinê, Kasion, Pentaskhoinon, Gerras, etc.... (3) Elles
étaient sans doute fortifiées, chacune pour son propre compte ;
mais, cernées entre la mer et le désert, elles n'ouvraient l'accès
d'aucun pays, et ne pouvaient prétendre à constituer un *limes* ;
elles le renforçaient seulement, par un échelonnement de places-
fortes le long de la route de Syrie.

Le véritable *limes*, comme il est naturel, se trouvait plus loin,
bordant exactement, ou à petite distance, les terres habitées du
Delta. Comme la marche d'ʿAmr ibn el-ʿAs et des Arabes a con-
sisté ordinairement à longer ces terres, de Péluse à Babylone, avant
de se décider à entrer en Egypte, c'est elle qui pourra nous révéler
la disposition des forteresses le long de cette frontière factice.

De Rhinocolure, en suivant la mer, le chef arabe a pris con-
tact avec le Delta à Péluse (Fermah) (4). Très ancienne ville
égyptienne, celle-ci était de longue date garnie de fortes murailles, que Strabon mentionne déjà (5) ; elle put encore, au
ᴠɪɪᵉ siècle, retarder de deux mois les progrès des envahisseurs (6).

1. *Peregr.*, p. 47. Les trois autres sont : un anonyme, près du lieu dit Belsefon,
Pithona, et sans doute Hero (Heroônpolis).

2. Voir plus haut, p. 20, n. 4.

3. Ces villes, citées par Hiéroclès, ne jouent aucun rôle dans l'histoire de l'invasion arabe. Peut-être ne furent-elles pas défendues. Il est cependant certain que
Rhinocolure au moins (Al-Arîch) était fortifiée : Al-Wâqidî en parle comme
d'une citadelle (*Fout. Misr*, p. 8).

4. Par exemple : Belâdhorî, p. 212, etc...

5. Strabon, 803 (éd. Meineke) ; cf. Al-Wâqidî, *Fout. Misr*, p. 8.

6. Yâqoût, art. *Fostât* ; Eutychios (II, p. 22) dit *un mois*.

Après s'en être rendus maîtres, les Musulmans furent arrêtés par
les marais voisins, ceux qu'on appelle aujourd'hui « lac Menzaleh », et que les travaux du percement de l'isthme ont partiellement asséchés. Ils durent les longer, du nord au sud, pour les
éviter : puis, au dire de Sévère d'Achmouneïn (1), ils « passèrent
par le désert ». Ils ne prirent donc pas la route qui servait na-
guère encore aux caravanes de Syrie, route qui du village d'As-
Salihîyeh borde strictement les dernières terres cultivées du
Delta. Si 'Amr a préféré le désert, le seul chemin qui ait pu assurer la subsistance de ses troupes, c'est la vallée, alors partiellement ensablée, de l'ancien *canal de Trajan*, qui avait mis autrefois en communication le Nil et la Mer Rouge. Cette dépression, aujourd'hui connue sous le nom de Ouadî Toumilât, va de
la région des Lacs Amers à Bilbeis en laissant une traînée de
points d'eau à travers le désert arabique. Ainsi s'explique tout
naturellement comment il recommença les hostilités par la prise
de Bilbeis, qui succomba au bout d'un mois (2). Bilbeis ne figure
dans aucun document grec : il faut probablement l'identifier avec la
ΦΕΛΒΕϹ copte (3). L'emplacement, en tout cas, est connu, du fait
que la ville existe encore.

De là, 'Amr continue sa route à la lisière des sables et des
terres irriguées. Il paraît devant Héliopolis (4) ('Aîn Chams),
dont il reste, encore visibles aujourd'hui, quelques vestiges de
rempart : c'est une des πόλεις de l'éparchie d'Augustamnique
IIᵉ (5). Les dernières étapes sont Oumm Doûneïn (6) et Babylone
(Misr) (7). Oumm Doûneïn, c'est la Tendounyâs de Jean de
Nikious : deux noms inconnus aux listes grecques, mais qui sont
sans doute, comme le remarquent MM. Amélineau et Casanova (8), deux déformations différentes d'un mot copte ΤΑΝΤΩΝΙΑϹ,

1. Sév., p. 494 [230], l. 1.
2. Yàqoùt, *loc. cit.* ; Soyoûtî p. 72, l. 25.
3. Cf. Amélineau, *Géogr.*, art. Bilbeis.
4. J. N., c. cxii, p. 557.
5. Hier., 728, 3.
6. Yàqoùt, art. Fostàt ; J. N., c. cxii, p. 558.
7. Belàdhorî, p. 213 ; J. N., c. cxii, p. 557. L'étrange assimilation de Misr à
Memphis, qui a entaché de si fâcheuses erreurs l'ouvrage de Butler, est à présent
abandonnée de tout le monde.
8. Amélineau, *Géogr.*, art. Tendounyâs ; — P. Casanova, *Les noms du Caire*,
p. 185. La forme arabe suggère plutôt ΤΑΝΤΩΝΙΝΟΥ, la « citadelle d'Antonin ».

« la citadelle d'Antoine ». Cette Antonias était probablement située sur l'emplacement actuel de la place de l'Ezbekîyeh, au Caire. Babylone enfin était une ancienne forteresse romaine, déjà citée par Strabon (1) ; à l'époque byzantine, devenue un des *castra* du *limes*, elle portait en conséquence le nom de φοσσᾶτον, que les papyrus arabes lui appliquent fréquemment, et qui finit par lui rester sous la forme arabisée Fossât ou Fostât (2). Je ne veux pas ici discuter si la ruine connue aujourd'hui sous le nom de Qasr ech-Cham', au Vieux-Caire, est ou n'est pas le château de Babylone. Cela me semble assez probable (3) ; dans le cas

1. Strabon (éd. Meineke), 807.

2. L'expression τὸ φοσσᾶτον se trouve dans *Pap. Schott-Reinhardt*, IX, 11 ; *P. Lond.*, IV, 1335, 1349, etc... Yàqoût (art. Fostât) atteste qu'une des orthographes anciennes du mot était Fossât.

3. M. Casanova, dans une note de sa traduction de Maqrîzî (p. 120, n. 4) conclut que le Qasr ech-Cham' était non pas la citadelle de Babylone, mais une ville fortifiée proche de cette citadelle. Il est possible effectivement qu'une ville se soit développée sous la protection du *castrum*, au point de mériter elle-même d'être fortifiée ; et il est possible aussi que le Qasr actuellement conservé soit cette ville. Sans vouloir me prononcer ici dans une question qui demande une étude particulière, il me semble utile, du moins, de faire observer que l'argumentation de M. Casanova est assez faible. Ainsi la distinction qu'il établit, non sans quelques contradictions, entre le mot *hisn*, qui serait le château, et *qasr*, qui signifierait la « ville fortifiée », est réfutée par le titre même du chapitre précédent de Maqrîzî : « Du *hisn* appelé *qasr* ech-cham'. » Et un peu plus bas, l'auteur arabe écrit : « Il n'y avait *ni constructions ni habitations* sauf un *hisn* appelé aujourd'hui par quelques-uns *qasr* ech-cham' et Al-Mou'allaqat ». D'après la thèse de M. Casanova, le vrai château de Babylone était situé un peu plus au sud, sur une hauteur encore appelée Bàbloûn, et à quelque distance du fleuve. Partant de cette idée, il traduit, dans le récit du siège : « ... craignant la conquête du *hisn*, il (Al 'Oureïdj) monta à *cheval* avec les hommes de vigueur et de cœur [?]. Les barques étaient amarrées contre le hisn », car les fugitifs voulaient se réfugier dans l'île de Rôdah. Pourquoi, sortant du fort pour s'embarquer dans des canots amarrés contre les murs du fort, sont-ils montés « à cheval » ? Le texte prouve que le hisn était au bord de l'eau, et le mot *rakaba*, qui se lit dans le texte signifie *monter*, et non forcément *monter à cheval* (le mot *merkeb*, bateau, est tiré de cette racine). Yàqoût, reproduisant le même récit en attribuant l'action au Moqaouqis, dit avec une variante intéressante : « Quand le Moqaouqis vit que les Arabes étaient maîtres de la forteresse, il *s'assit dans un bateau*, lui et les principaux de ses compagnons. Le bateau était amarré à la porte occidentale de la forteresse. » Quant aux renseignements des habitants actuels sur un lieu qui s'appellerait encore aujourd'hui Bàbloûn, ils sont sujets à caution. Un fellah que j'ai interrogé m'a désigné comme étant Bàbloûn le Qasr ech-cham' lui-même, et m'a montré, dans la tour droite de la « Porte de fer », le tombeau de *Louliah*, fille du Moqaouqis.

contraire, ce serait au moins l'enceinte de la ville qui s'était développée à l'abri du κάστρον, et il est certain que ces hautes murailles de pierre et de brique, flanquées de tours et entourées d'un fossé, ont été assiégées par les Musulmans et ont fait partie de la défense du *limes* d'Augustamnique.

Ces résultats, tirés des historiens arabes, sont minces ; mais ils sont loin d'être complets. Entre chaque étape de l'émir, plusieurs de ces écrivains intercalent la formule invariable : « ensuite il s'avança, *ne rencontrant qu'une faible résistance, jusqu'à* » tel endroit (Bilbeis, Oumm Doûneïn) (1). Faible, soit : mais il y a eu résistance. 'Amr s'est donc heurté sur sa route à plus d'une forteresse, à des bicoques mal défendues sans doute, qui se rendirent au premier assaut, mais qui n'en attestent pas moins la continuité du *limes*. De ces stations, nous pouvons sans invraisemblance imaginer un certain nombre : Arabia, πόλις citée par le Synecdème, au milieu de l'ouadî Toumilât ; l'existence d'un tribun militaire y semble encore attestée au viie siècle (2) ; en suivant la même vallée dans la direction de la Syrie, nous rencontrons la κώμη d'*Heroôn*, ancienne πόλις déchue, munie d'un fort au ive siècle (3), et connue encore du Géographe de Ravenne au viie ; — *Sanhoûr*, citadelle citée par Jean de Nikious (4) ; *Magdôlos* ou Magdalos, ancien *castrum* romain (5), qui est peut-être le hameau actuel de Bîr Magdal, à l'est du lac Timsah ; — *Surandala*, non loin de là, *castellum* visité par un pèlerin vers 570 (6). Le nom de Magdôlos, seul, n'apparaît dans aucun écrit de notre époque, mais son passage dans la langue arabe suffit à prouver la persistance du κάστρον.

Enfin, il est très probable que nombre des postes signalés au

1. Yâqoût, entre autres, emploie continuellement cette expression (art. Fostât).

2. V. *Appendice*, art. Sanhoûr.

3. « Heroum autem civitas (= πόλις), quæ fuit illo tempore (au temps de Joseph) .., nunc est come » (*Peregr.*, p. 48, l. 3). Il semble bien que ce soit le quatrième *castrum* rencontré par l'abbesse Ethérie sur la route de Klysma à Arabia. De fait une inscription publiée par M. Naville (*Ephem. epigr.*, V, n° 14) parle d'un soldat de *Ero castro*.

4. J. N., c. cv, p. 540 : cf. *Appendice*, art. Sanhoûr. Le nom grec est inconnu.

5. « ...et Magdalum fuimus. Nam castrum est ibi nunc habens præpositum cum milite (*Peregr.*, p. 47, l. 16) ; cf. Etienne de Byzance, s. v. Μάγδωλος.

6. Itin. Hier., p. 187.

v⁰ siècle (1) par la *Notitia Dignitatum* (Or. XXVIII), étaient encore debout à l'époque justinienne. La question est délicate, parce que les noms, souvent arbitraires, donnés aux lieux par les Romains, ont de nouveau fait place, après eux, aux appellations antiques. Mommsen a pu supposer, toutefois (2), que le poste de *Tohu* n'est autre chose que la ville d'Arabia ; le *Scenas extra Gerasa* de la *Notitia* revit dans les Σκέννα et l'Γέρρας d'Hiéroclès (3). Tous les *castra* du v⁰ siècle pouvaient donc exister encore à l'époque byzantine, et conserver leur rôle militaire. Mais c'est une hypothèse que pourrait seule démontrer une étude topographique de cette partie du Delta. En ne comptant que les localités dont on peut affirmer presque certainement qu'elles existaient encore aux vi⁰ et vii⁰ siècles, nous obtenons ce tableau sommaire, suffisant toutefois pour prouver l'existence d'un *limes* normalement constitué, et indiquer sa configuration générale :

Péluse, Arabia, Héliopolis.	} πόλεις fortifiées.
Surandala, Magdôlos, Sanhoûr, Heroôn, Phelbes (Bilbeis), Antônias, Babylone.	} κάστρα intermédiaires.

On remarque l'accumulation anormale des forteresses à l'extrémité méridionale, à la pointe du Delta : Héliopolis, à peu de distance de l'emplacement du Caire actuel, Antônias et Babylone, toutes deux sur le terrain aujourd'hui occupé par cette même ville, peut-être même d'autres ouvrages moins importants dans la campagne environnante, comme les ruines informes qu'on aperçoit encore au sud du Vieux-Caire, et un fort (?) sur le Gebel Moqattam qui porte à présent la Citadelle (4). Les ruines de l'enceinte

---

1. Sur la date probable de la *Notitia Dignitatum*, cf. Mommsen, *Aetius* (Hermes, XXXVI (1901), p. 544-547).

2. *Sitzungsberichte der kön. preuss. Akad. der Wissensch. zu Berlin*, 1887, p. 362.

3. Hier , 727, 5 et 6.

4. Les fortifications arabes ont recouvert quelques vestiges de construction plus

de Babylone, — ville ou château, — bâtie en pierre entremêlée
de couches de briques, située autrefois sur le bord du Nil qui
alimentait de ses eaux le fossé protecteur, ces ruines sont particulièrement formidables. Un matériel de guerre imposant, artillerie, catapultes, munitions, y était entreposé (1). C'est qu'en
effet la région était la clef de l'Egypte.

Butler a déjà noté que l'itinéraire de l'émir arabe fut le même
que celui du commandant de l'invasion perse en 617 ; si peu que
nous connaissions celle-ci, nous savons, en effet, qu'elle eut pour
principales étapes Péluse-Babylone-Nikious-Alexandrie (2). Les
deux armées, dont l'objectif était évidemment Alexandrie, ont
donc l'une après l'autre jugé meilleur, au lieu de couper au plus
court, de contourner le Delta jusqu'à la pointe avant de redes-
cendre sur la capitale. Ce chemin était plus facile, sans être
beaucoup plus long : on évitait par là de s'engager dans un
pays hostile, difficile, coupé de canaux dont la traversée était
un obstacle indéfiniment répété. Mais il est impossible de faire
honneur de ce plan à longue portée, soit au général perse,
soit à 'Amr ibn el-'As. Les Sassanides n'avaient jamais guerroyé
en Egypte, à moins que l'on ne compte cette incursion, alors
vieille de plus d'un siècle, qui eut lieu sous le règne d'Anastase (3). Quant aux Arabes, horde barbare sans expérience militaire (4), tout prouve qu'ils s'étaient lancés à l'étourdie dans cette
aventure. 'Amr n'emmène d'abord que 4.000 hommes environ (5),
avant de s'apercevoir, la campagne déjà commencée, qu'il lui
en faut au moins le quadruple pour la mener à bien. Il se
dirige sur Babylone sans le savoir : « les Musulmans, dit Jean
de Nikious, ne connaissaient pas auparavant la ville de Misr (6). »

ancienne, qui ont fait penser quelquefois que là se trouvait le château de Babylone
(cf. par exemple Loret, art. *Caire* dans la Grande Encyclopédie).

1. J. N., c. cxvii, p. 566.

2. Les références relatives à l'itinéraire des Perses se trouvent citées dans Butler,
p. 71-72.

3. Eutychios, I, p. 192.

4. Un siècle auparavant, voici l'opinion qu'on avait déjà de la science militaire
des Saracènes : Σαρακηνοὶ γὰρ τειχομαχεῖν μέν εἰσιν ἀδύνατοι φύσει, ἐς δὲ τὸ
ληίζεσθαι πάντων μάλιστα δεξιοί (Proc., *Bell. Pers.*, II, 19, p. 233).

5. Belâdhorî (p. 212) : 3500 ; Yâqoût (art. Fostât) : 3500 ou 4000 ; Eutychios
(II, p. 22) : 4000.

6. J. N., c. cxii, p. 557.

Ils mirent quelque temps à découvrir, par hasard et comme malgré eux, l'existence du Fayoûm (1). Après la prise de Babylone, 'Amr exige des Coptes qu'ils lui préparent sa route d'étapes jusqu'à Alexandrie (2). On peut donc tenir pour certain que les deux envahisseurs, qui, indépendamment l'un de l'autre, entrèrent en Egypte par la voie de l'isthme de Suez, n'ont pas choisi le chemin qu'ils suivirent vers Alexandrie : des indigènes les ont conduits. Mais alors, il faut que cette route ait été connue généralement, comme la plus habituelle aux convois des caravanes arrivant de la Syrie. C'est donc elle qu'il fallait fortifier avec le plus de soin, et on comprend ainsi pourquoi les Byzantins (et déjà les Romains avant eux) avaient placé les principales forteresses (3) de la frontière orientale aux confins de l'Arcadie, presque en Moyenne-Egypte (4). Là devait se jouer la partie décisive; la chute du vieux κάστρον romain signifiait, à bref délai, l'apparition de l'ennemi au pied des murailles de la capitale; de là encore l'envahisseur pouvait envoyer un corps expéditionnaire qui couperait l'entrée du long couloir formé par la Thébaïde, et empêcherait les troupes du sud de secourir celles du nord. Telle était l'importance du site, que les Arabes vainqueurs y établirent leur capitale, Fostât, devenue le Caire.

1. Soyoûti (p. 85) exagère peut-être quand il prétend que cette ignorance dura un an. Mais il ne s'en suit pas qu'il faille récuser totalement son témoignage, comme le fait M. Butler (p. 219, note 1) pour sauver sa théorie de l'expédition du Fayoûm antérieure à la conquête de Babylone, théorie contredite par l'unanimité des sources, comme aussi par la vraisemblance. D'ailleurs Ibn 'Abd el-Hâkem, dont l'autorité est très supérieure à celle de Soyoûti, dit exactement la même chose (cité par Maqr. I, p. 741).

2. Eutychios, II, p. 24.

3. La prépondérance de Babylone se manifeste dans la longueur du siège d''Amr et les conséquences de sa victoire.

4. Babylone était probablement rangée dans la province d'Augustamnique ; les listes du vi⁰ siècle passent le *castrum* sous silence, et la *Notitia Dignitatum*, énumérant pêle-mêle des garnisons d'Augustamnique et d'Arcadie, ne nous est d'aucun secours. Géographiquement, elle se rattache plutôt à l'Arcadie, et c'est pourquoi H. Gelzer l'y a placée, dans la carte jointe à son édition de Georges de Chypre. Il semble toutefois plus naturel de l'attribuer à l'Augustamnique, pour laisser à un seul duc la surveillance du *limes* entier ; et la notice épiscopale publiée par H. Gelzer dans la *Byzantinische Zeitschrift* (II, 1893, p. 22) confirme cette hypothèse.

§ 4. — *Les villes fortifiées de l'intérieur.*

Les places-fortes que nous avons passées en revue jusqu'ici, *castra* et πόλεις, n'étaient que des organes de défense extérieure, destinés à fermer à l'ennemi l'accès général du pays. Mais, ces lignes protectrices étant supposées franchies, l'envahisseur trouvait-il devant lui un pays absolument plat et sans défense ? Ce serait entièrement contraire aux habitudes byzantines. Il suffit de voir comment Justinien et ses successeurs occupèrent l'Afrique, de quel réseau de forteresses ils couvrirent tout le territoire conquis (1), pour conclure que ce n'était pas seulement la frontière qu'on prémunissait, mais qu'à l'intérieur même les villes importantes étaient toujours closes de remparts et dotées de donjons, soit pour repousser l'assaut des Barbares, soit en prévision d'une révolte toujours possible. Plus que toute autre province, l'Egypte avait besoin de cette précaution : puisqu'en face du désert impossible à surveiller, chaque ville avait à ses portes des territoires vagues. On peut affirmer, *a priori*, que les principales cités étaient fortifiées ; et quelques faits précis non seulement confirment cette déclaration, mais tendent même à en étendre beaucoup la portée. Malheureusement, ici encore, l'insuffisance des documents nous empêche de dresser un tableau systématique ; tout au plus peut-on tenter une énumération, courte d'ailleurs et sans ordre, des localités que nous savons avoir été protégées par des remparts.

Tout d'abord, il y avait la capitale, Alexandrie. Plusieurs textes historiques font allusion à ses murailles, mais avec un tel laconisme qu'on ne peut en conclure grand'chose de certain touchant leur configuration. Le livre des « Conquêtes » de Belâdhorî, par exemple, rapporte une tradition qui les concerne. Quand 'Amr parut devant la ville, déclare l'auteur, « le Moqaouqis ordonna aux femmes de se tenir sur les murs de la ville, le visage tourné vers l'intérieur (afin que l'ennemi ne les reconnût pas). Les hommes se tinrent en armes, tournés du côté des Musul-

---

1. Diehl, *op. cit.*, chap. III, p. 268 sqq.

mans, pour leur faire peur (1) ». Cette puérile supercherie, destinée à accroître le nombre apparent des défenseurs, a-t-elle été vraiment employée par l'adversaire d''Amr ibn el-'As ? C'est douteux, sans être impossible : il fallait alors que les remparts fussent bien hauts, et garnis en avant de larges fossés et de redoutes, qui empêchaient l'assiégeant d'en approcher trop près.

La chronique syriaque anonyme traduite par M. Guidi est plus riche en informations : racontant incidemment la conquête de l'Egypte par les Perses sous Héraclius, elle s'exprime ainsi au sujet de la capitale : « Tunc copiæ Persarum obsederunt Alexandriam, quæ mœnibus circumcluditur et Nili aquis circumdatur, et portas habet firmissimas (2). » Les rivages de la mer étaient sans doute longés par un mur fortifié, comme à Constantinople. Le même texte ajoute, en effet, ces curieux détails : un étudiant en philosophie, nommé Pierre, promit aux ennemis de leur livrer la ville. Il avait lu quelque part cette prophétie : « quo tempore angustiæ contra Alexandriam surgent, a porta occidentali quæ *ad mare respicit* capietur. » Là-dessus, d'après son conseil, une troupe de soldats perses se risqua un jour, avant le lever du soleil, sur des barques : et mêlés aux pêcheurs du port ils pénétrèrent dans la ville en massacrant les gardes des portes. Ainsi, il paraît bien que le littoral lui-même n'était accessible que par des portes fortifiées (3). Ce texte ne serait pas très convaincant, s'il n'était corroboré par un témoignage moins ambigu, et de très peu postérieur à la conquête arabe. Un guide des Lieux Saints (4), rédigé vers l'an 670, dépeint en ces termes l'enceinte d'Alexandrie : « Hæc (la ville) longo ambitu murorum crebris insuper turribus conmunitorum per marginem fluminis et oram culpi maris ambitur conpositorum. » Le circuit était donc fermé, et présentait l'aspect classique des fortifications byzantines : un mur continu,

---

1. Belâdhorî, p. 220.

2. *Chron. anon.*, p. 22.

3. M. Butler (p. 77) donne une autre explication de ce texte en vérité peu précis ; sa théorie me semble moins vraisemblable que celle qu'on vient de voir, et il est forcé, pour la soutenir, d'imaginer une foule de détails que rien n'autorise dans le récit très sec de la Chronique. La traduction de l'oracle, qu'il donne p. 80, est un contre-sens.

4. Adamnani *De Locis sanctis libri tres* (éd. P. Geyer, dans les *Itinera Hierosolymitana sæculi* IV-VIII, p. 282).

contrebuté à intervalles réguliers par des tours carrées formant
comme autant de petites citadelles, plus importantes sans doute
autour des portes. C'était d'ailleurs l'habitude de l'époque, que
de prolonger l'enceinte d'un port jusque le long du rivage maritime. Ainsi Aboû Sâlih, qui vit, au début du xiiie siècle,
les fortifications anciennes de Rhinocolure, y observa la même
disposition (fol. 56 b).

La protection immédiate de la ville était complétée par un
emploi judicieux des particularités physiques du terrain. Par
la mer, Alexandrie restait en communication avec le monde
byzantin même en cas de blocus, puisque l'empire était le seul
état possesseur d'une flotte ; au sud, les marécages du lac Maréotis la couvraient plus efficacement qu'aucun ouvrage d'art. Des
côtés est et ouest, le Nil ou les canaux fermaient les accès restés
libres. La place de Schedia, située à une trentaine de kilomètres
d'Alexandrie, était la tête d'une bifurcation fluviale : sur la gauche
se détachait le canal reliant la capitale au fleuve ; il coulait entre
elle et le lac Maréotis, longeant les remparts à quelque distance,
comme un fossé, avant de pénétrer dans l'enceinte quelques cen-
taines de mètres en amont de son embouchure. Un autre canal,
qui, à l'ouest de la ville, joignait le lac à la mer (?), portait le nom
de « canal du Dragon (1) » ; on le franchissait, pour se rendre en
Libye, sur le « pont de Taposiris » (Defâschir de Jean de Nikious)(2).
A droite, la branche naturelle du fleuve continuait sa descente jusqu'à Canope, transformant ainsi en une île l'emplacement
d'Alexandrie et un petit territoire hors des murs, à l'est.

Ce n'est pas tout. On admet généralement que le *fluvius Tatianus*, creusé au ive siècle, n'est qu'un tronçon spécial du canal
méridional décrit plus haut, entre la cité et les marais (3).
Cette théorie ne me paraît pas suffisamment justifiée, car le
préfet Augustal Tatien dut plutôt entreprendre un ouvrage nouveau qui garda son nom, qu'en réparer seulement un ancien. Il
est plus probable que son *fleuve* se détachait du canal principal

1. J. N., c. cvii, p. 543.
2. J. N., c. cix, p. 549.
3. Cf Neroutsos-bey, *L'Anc. Alexandrie* (plan annexé à cet ouvrage) ; même
disposition acceptée par Puchstein dans l'article *Alexandreia* de la Real-Encyclopädie Pauly-Wissowa. Mahmoud-bey (*Mémoire sur l'antique Alexandrie*, Copenhague,
1872) avait, au contraire, trouvé le véritable emplacement.

en vue d'Alexandrie, s'engageait dans la dépression, encore très nette aujourd'hui, située entre la ville et les *Kopriai* ou collines de décombres, et s'allait jeter dans la mer près de la presqu'île du Lochias, au milieu du quartier appelé Bruchium. On lit dans Jean de Nikious, à ce sujet : « A cette époque était préfet, à Alexandrie, la capitale de l'Egypte, un homme nommé Tatien, qui construisit, à l'endroit appelé Bruchium, deux énormes portes de pierre, par lesquelles il faisait passer le grand fleuve (1). » Il y a là une allusion évidente au *fluvius Tatianus*, dont le trajet est ainsi précisé, et aux portes par lesquelles il franchissait l'enceinte construite le long de la mer. Ainsi, la capitale de l'Egypte était tout à fait isolée en un îlot côtier, et on comprend bien les paroles de l'anonyme syriaque cité plus haut : « Nili aquis circumdatur, » comme celles d'Adamnanus qui ne sont pas moins formelles : « ... super Nilum et mare posita hinc et inde aquis ambiatur,... civitas inportuosa et ab externo difficilis accessu (2). »

Enfin, tout autour de la cité, s'élevait un groupe de postes avancés, de fortins ou *castella* destinés à la défense de première ligne. Soyoûtî, qui atteste le fait, d'ailleurs évident *a priori*, les déclare « imprenables » dans son récit de la chute d'Alexandrie. Il en cite deux (3), entre lesquels 'Amr ibn el-'As, installa son camp lors du premier siège de la place : Helouah (le nom grec ou copte est inconnu) et le *Château des Perses* (Qasr Fâris), tous deux situés près du côté est de l'enceinte (4). A l'est également s'en trouvait un troisième, dans un faubourg d'Alexandrie qui tirait son nom des collines de décombres amoncelées de ce côté : Kopreôn (5). Ces forts n'étaient pas nécessairement dans les

1. J. N., c. LXXXII, p. 445. Ce récit est confirmé par un papyrus du Caire (67168, l. 81 et 85), où il est question d'un quartier d'Alexandrie appelée Πόλαι Τατιανοῦ.

2. *Op. cit.*, p. 278.

3. Tome I, p. 71, l. 27.

4. Cette position résulte des références réunies par Butler, p. 90 (note 1). Le qasr Fâris avait été construit par les Perses, lorsqu'ils s'emparèrent d'Alexandrie vers 617. Citons encore le fort construit par Dioclétien à l'orient de la ville (J. N., c. LXXVII, p. 417), qui existait encore au vie siècle, au témoignage de Victor Tonnennensis (*Patrol. lat.*, t. LXVIII, p. 960 : anno 555).

5. Sur la situation de Kopreôn, cf. Théophane, p. 178, l. 4 (Bonn) ; cf. appendice, s. v.

environs immédiats de la capitale. L'isthme étroit qui, entre les
marais d'Aboûkîr et de Marioût, forme la seule voie pratique
d'accès vers Alexandrie, était gardé par un *castrum* à Khaireon (1) : il fallut vingt jours aux Arabes pour en venir à bout.
Les autres directions étaient moins menacées, mais il y a pourtant lieu de croire que le fortin de Khaireon n'était pas unique :
Alexandrie présentait l'aspect d'un camp retranché entouré de
plusieurs lignes d'ouvrages avancés.

Somme toute, malgré la rareté et la sécheresse des documents,
les défenses de la capitale nous apparaissent encore comme imposantes ; et de fait, avec ses forts, ses fossés, ses canaux, ses
murailles et son artillerie de balistes qui maltraita si fort
l'armée de Bonose en 610 (2), c'était une place de guerre de
premier ordre qui ne fut jamais prise que lorsqu'elle voulut bien
se rendre. Les habitants eux-mêmes en ouvrirent les portes à
Nicétas en 609 ; Bonose n'y put entrer ; les Perses y pénétrèrent
sans coup férir, accueillis par trahison (3) ; seul, 'Amr s'en empara (4), après un siège difficile, et sans doute avec la complicité
de ce personnage louche du Moqaouqis, qui la lui rendit. Les
murailles étaient de si bon usage qu'après la révolte de la capitale, 'Amr, dit-on, « jura que si Dieu lui donnait la victoire, il les
raserait, en sorte que la ville serait semblable à la maison d'une
fille publique, où l'on entre de tous côtés » (5). Il n'eut garde
d'ailleurs, d'exécuter cette menace insensée, et tout resta dans
l'état primitif (6).

En dehors d'Alexandrie, nous pouvons encore compter comme
places-fortes : Rhinocolure, dont les remparts, en grande partie rui-

---

1. Proc., *Éd.*, VI, 1, p. 330 ; Belâdhorî, p. 220 ; Soyoûtî, p. 71 (Kerioûn en arabe).

2. J. N., c. cviii, p. 547-548 ; et aussi les Arabes d''Amr ibn el-'As (Belâdhorî, p. 221).

3. *Chron. syr.*, éd. Guidi, p. 22.

4. Avant l'époque byzantine, Dioclétien s'était rendu maître d'Alexandrie, soulevée lors de la révolte d'Achillée. Mais ici encore la trahison avait joué son rôle (J. N., c. lxxvii, p. 417).

5. Soyoûtî, p. 95.

6. Belâdhorî (p. 221) déclare cependant qu'il le fit. Outre l'invraisemblance d'une destruction aussi absurde, nous avons vu qu'au dire d'Adamnanus, on voyait encore une enceinte vers l'an 670. Or, les premiers travaux arabes d'ensemble dans les murs d'Alexandrie datent d'Ahmed ibn Toûloûn (ixe siècle).

nés, se voyaient encore au XIII⁰ siècle (1) ; — Péluse, qui arrêta deux mois la horde des envahisseurs musulmans (2) ; — Saïs et Héliopolis, sur l'emplacement desquelles subsistent des vestiges de murailles pré-islamiques ; — Nikious, vers l'ouest, dont l'évêque Jean mentionne les portes, preuve indirecte de l'existence d'une enceinte (3).

En Arcadie, il y avait sans doute Oxyrhynchos.

Le *Foutouh al-Bahnasâ*, livre de la « conquête d'Oxyrhynchos », est, on le sait, une sorte de roman historique sans grande valeur documentaire. Cependant ces sortes d'ouvrages, qui ne méritent aucune créance pour une foule de détails, contiennent fréquemment, dans l'ensemble, une part de vérité qu'on ne saurait négliger entièrement (4). Il est évident que cette épopée repose sur un fonds de traditions populaires : la ville gardienne du Fayoûm a dû être, lors de la conquête arabe, le théâtre de combats sanglants, comme ceux qui se livrèrent effectivement devant la citadelle de Babylone, et qu'Al-Wâqidî a narrés dans une œuvre similaire, le Foutouh Misr. Or, l'auteur nous décrit les murailles d'Oxyrhynchos, les tours crénelées, garnies d'archers, qui en faisaient une redoutable place-forte (5). Il est clair que si la ville n'avait pas eu, en effet, ces sérieux moyens de défense, elle eût été hors d'état de résister si longuement, et par suite le souvenir des luttes qui avaient précédé sa conquête ne serait pas demeuré si vivace dans l'imagination populaire.

Si l'on se fie encore au même ouvrage, la ville d'Héracléopolis magna (Ahnâs) était dans le même cas; elle se défendit trois mois

1. Aboû Sâlih, fol. 56ᵇ. — Al Wâqidî la classe comme forteresse (Fout Misr, p. 8)

2 Al-Wâqidî, *ibid.* ; Yâqoût, art. Fostât ; selon Eutychios (II, p. 22) le siège dura un mois seulement. D'après Aboû Sâlih (*ibid.*), les remparts auraient encore existé au début du XIIIᵉ siècle ; ils étaient construits en pierre (fol. 58ᵃ) et « sans portes ».

3 J. N., c. CVII, p. 546.

4. Et, d'ailleurs, a-t-on le droit de traiter si sévèrement la littérature des Foutouh, quand on lit les traditions ineptes pieusement recueillies par les « historiens » arabes : Tabarî avec ses deux évêques, les deux Aboû Mariam, lieutenants du Moqaouqis, Aboûl-Mahâsin avec les interminables homélies du nègre 'Oubâdah, et le voyage d''Amr à Alexandrie avant l'hégire, la boule de jeu de paume qui le désigne « roi d'Egypte » en entrant dans sa manche, et les cadeaux du Moqaouqis au Prophète, Marie la Copte, l'eunuque Mabour et la mule Douldoul ?

5. Fout. Bahn., p. 147 et 207.

à l'abri de ses retranchements (1) ; mais ici il serait permis de montrer plus d'hésitation, la prise d'Ahnâs n'étant qu'un épisode dans le roman. De même, en Thébaïde, Antinoé (Ansenâ) aurait possédé une citadelle : ce qui n'a rien après tout que de très vraisemblable, et est confirmé implicitement par Jean de Nikious (2).

Dans cette même province de Thébaïde, l'écrivain monophysite Jean de Majuma atteste l'existence d'un « château-fort » (castellum), sans doute un donjon encastré dans une enceinte, à Panopolis (3). Et Thèbes, malgré sa déchéance, est encore appelée Θήβη τειχιόεσσα par le poète Dioscore d'Aphrodité, au milieu du VIᵉ siècle (4). Nous avons parlé plus haut des murailles *de la ville* de Philai (Hier., 732, 2), distincte du *castrum*. Pour terminer, je renvoie le lecteur au traité de Procope *De Ædificiis* (VI, 2) : on y voit que quatre au moins des πόλεις de Libye, Paratonion, Ptolémaïs, Bérénice et Teucheira, furent fortifiées ou remises en état sous le règne de Justinien.

Cette liste si brève n'a aucune prétention à être limitative. Il est certain que d'autres villes du diocèse étaient protégées de la même façon. Et même, en songeant que celles qui sont énumérées plus haut ne se distinguent pas toujours par une importance militaire spéciale, on peut conclure qu'elles l'étaient probablement toutes. Les « cartes » conservées, d'après le modèle antique, dans les manuscrits de la *Notitia Dignitatum* représentent, en effet, non seulement les *castra*, mais aussi les villes comme Hermopolis, Lycopolis, Coptos, Hermonthis, etc..., sous l'apparence de forteresses tourelées et crénelées. Et à supposer que cet aspect n'ait pas encore été général au Vᵉ siècle, la fin troublée du VIᵉ et les désastreux débuts du VIIᵉ, les brigandages à main armée comme ceux qui illustrèrent Azarias sous le règne de Maurice (5), ou les frères d'Aykelâh (6), plus tard la guerre civile entre Bonose et Nicétas, puis l'invasion

---

1. Fout. Bahn., p. 114.

2. *Ibid.*, p. 57 ; — J. N., c. cxv, p. 562.

3. F. Nau (*Rev. de l'Orient chrétien*, III, p. 352, § 36).

4. P. byz. Caire 67055, *verso*, 24. Cependant cette glorification d'une ville déchue, qui n'a plus rang de πόλις, a quelque chose d'étrange. Il vaudrait peut-être mieux traduire Θήβη par « la Thébaïde » entière, toute fortifiée comme une seule ville.

5. J. N., c. xcvii, p. 532.

6. J. N., c. xcvii, p. 529. Cette ville d'Aykelâh est probablement Metelis. Dans la table des chapitres, elle est appelée *Mausal*, qui est le nom arabe de cette πόλις.

perse qui précéda de peu la conquête arabe, tous ces désastres durent forcer les habitants à prendre eux-mêmes ces mesures de sécurité si le gouvernement ne les avait pas devancés.

Le système de défense employé par les Byzantins en Egypte peut donc se résumer de la manière suivante :

Le long du désert libyque et du désert arabique, dans le haut pays, presque rien : seulement, par-ci par-là, quelques tours de garde ou même quelques légers murs de terre élevés par les habitants, pour dominer l'accès des principales routes aboutissant à la vallée.

Au sud, du côté des Nobades, l'étroitesse du pays habitable a réduit les ouvrages défensifs au minimum ; mais on trouve de véritables κάστρα à Philai, à Eléphantine et à Syène, constituant une petite marche frontière efficace contre toute attaque venue du midi.

Au nord-est comme au nord-ouest, c'est le type ordinaire du *limes* byzantin : pour barrer la route de Palestine ainsi que pour isoler la Libye du monde barbare, une double ligne de *castra* d'abord, puis de villes fortifiées. Enfin, éparses dans l'intérieur du pays, se dressent d'autres places-fortes munies de citadelles, dans le double but d'opposer un dernier obstacle au conquérant, s'il a pénétré, et de tenir en respect la population, s'il lui prend fantaisie de risquer une rébellion.

CHAPITRE III

LES DIFFÉRENTS ÉLÉMENTS DE L'ARMÉE D'ÉGYPTE

Les œuvres de Procope nous renseignent d'une manière assez
complète sur la composition de ce qu'on peut appeler le « corps
expéditionnaire » byzantin, les armées qui, transportées successivement sur toutes les frontières, exécutèrent les conceptions
mégalomanes de Justinien. Les troupes provinciales, dont le rôle
plus modeste consistait à demeurer éparses dans chaque diocèse;
pour le protéger à la fois contre les attaques du dehors et main-
tenir les habitants dans le devoir, nous sont beaucoup moins connues. Un passage, malheureusement trop bref, de la 103ᵉ novelle
de Justinien, nous montre en raccourci de quoi elles se composaient. L'empereur, réorganisant la province de Palestine, décide
que le duc aura sous ses ordres toute la force armée (excepté les
quelques troupes concédées au proconsul civil pour l'aider dans
l'accomplissement de ses fonctions), et il en fait le dénombrement
en ces termes : « ἡγήσεται στρατιωτῶν τε καὶ λιμιτανέων καὶ φοιδεράτων
καὶ εἴ τι κατὰ τὴν χώραν ὁπλιτικὸν ὅλως ἐστί » (1). Ainsi, tout comme le
corps expéditionnaire, l'armée de province est un agrégat d'éléments très différents. On en distingue, en général, trois principaux : στρατιῶται, λιμιτανέοι et φοιδεράτοι, sans compter les gens,
ὁπλιτικόν τι, que l'empereur ne désigne pas plus clairement, parce
qu'apparemment il s'agit là de troupes irrégulières, ou sans
existence officielle.

Les στρατιῶται, comme leur nom l'indique, constituaient la *véritable* armée, les soldats par excellence (2). Non qu'ils fussent

1. Nov., 103, c. 3.

2. Je ne fais ici que résumer ce que j'ai exposé en détail dans une étude inti-

meilleurs que les autres : mais ils formaient les derniers restes de
l'armée nationale (οἱ Ῥωμαῖοι, comme les appelle toujours Procope),
le dernier vestige du service militaire obligatoire pour les citoyens
romains ; leurs *numeri* (ἀριθμοί), comme se nomment actuellement
leurs bataillons, sont la dernière métamorphose des anciennes légions (1). Dans les provinces, ces troupes sont souvent désignées
par l'expression de *comitatenses* (2).

Elles se recrutent par conscription (3), par engagements volontaires ou par hérédité : les fils de vétérans étaient inscrits d'office
dans la milice paternelle (4). Sans doute on dut parfois, au hasard
des engagements volontaires, y recevoir des Barbares, et quelquefois des prisonniers de guerre furent organisés en bataillons
semblables aux leurs (5) ; mais c'était l'exception (6). Ils sont organisés en ἀριθμοί ou τάγματα souvent isolés, parfois groupés par deux
ou trois dans la même localité, et répartis entre toutes les provinces de l'empire, qu'ils couvrent d'un réseau serré de garnisons.

À côté d'eux, du moins à la frontière, veillent les *limitanei*, à
qui est confiée la garde du *limes*, des *castra* ou des φοσσᾶτα qui
le jalonnent. Sorte de serfs militaires, ils ont reçu de l'État

---

tulée « Φοιδερᾶτοι et στρατιῶται dans l'armée byzantine au vie siècle » (*Byzant.
Zeitschr.*, t. XXI, p. 97.).

1. Cette filiation est quelquefois prouvée par la persistance du nom : ainsi la
ville de Berroia était occupée, sous le règne de Maurice, par un corps de
Κουαρτόπαρθοι (Théophyl. Simoc., II, 6) qui représentent évidemment l'ancienne
legio Quarta Parthica, cantonnée à Circesium sous Théodose II (*Not. Dig.*,
Or. XXXV, 24). Les Μακεδόνες d'Antaiopolis pourraient être une ancienne
cohorte de la *legio Quinta Macedonica*, qui résidait autrefois en Égypte à Memphis :
Not. Dig. Or. 28, 14. A Syène, on rencontre accidentellement, à côté de la formule ordinaire στρατιώτης ἀριθμοῦ Συήνης, la variante intéressante στρατιώτης
λεγιῶνος (Pap. München, p. 22). Dans ce dernier cas, à vrai dire, il s'agit peut-
être de *limitanei* (cf. plus bas, p. 60 seq.).

2. Par exemple, en Afrique, opposition des *comitatenses* et des *limitanei* (Cod.
Just., I, 27, 2,8).

3. Cod. Theod., VII, 13.

4. Cod. Theod., VII, 1, 11.

5. Par exemple les Βανδῖλοι Ἰουστινιανοί (Proc., *Bell. Vand.*, II, 14, p. 484).

6. Ainsi les Tzanes du Caucase se soumirent à Justinien ; leur territoire fut
annexé, et par là ils devinrent des Ῥωμαῖοι. C'est alors qu'on recruta parmi eux
des στρατιῶται (ἐς καταλόγους αὐτοὺς ῥωμαϊκοὺς ἐσεγράψαντο, Proc., *Bell. Pers.*,
I, 15, p. 78 ; *Æd.*, III, 6, p. 258). Le qualificatif de στρατιώτης est donc bien lié
à la situation de Ῥωμαῖος ou sujet de l'empire.

une terre du domaine public sur la frontière, et ils en vivent eux
et leur famille, à charge pour eux de ne jamais la quitter, de
s'exercer aux armes sous des chefs spéciaux, et de défendre le
limes en cas d'alerte. Je ne sais s'il faut accorder grande confiance aux médisances de l'*Histoire secrète*, qui prétend que Justinien laissa péricliter l'institution des *limitanei* (1) : ce qui est
certain, c'est qu'ils sont cités dans le Code (2) et dans plusieurs
novelles de cet empereur (3), et qu'il en établit lui-même en
Afrique, après la défaite des Vandales (4).

En troisième lieu viennent les φοιδεράτοι, dont la situation, mal
définie par les textes, a donné lieu à quelques controverses. Il me
semble pourtant certain (5) que ce ne sont nullement des soldats
privés, comme on l'a dit souvent, recrutés par des *condottieri* qui
louent leurs services à l'État moyennant une solde et des honneurs. Ces fédérés, en fait, formaient des troupes très analogues
sous plus d'un rapport aux στρατιῶται officiels : entretenus par
l'État, organisés en τάγματα, commandés par des chefs que désigne l'empereur, ils ne se distinguent que par leur qualité de
Barbares. C'est là qu'on verse, pêle-mêle, tous les aventuriers nés
hors de l'empire, qui désirent prendre du service dans l'armée byzantine. Au lieu d'être répartis en groupements ethnographiques,
ils sont mêlés sans distinction de race, à l'intérieur des bataillons,
ce qui les oppose aux anciens *fœderati* romains.

Tels sont les soldats de l'Empire : mais les troupes d'occupation
d'une province peuvent encore s'adjoindre des renforts d'origine
très différente : καὶ εἴ τι... ὁπλιτικόν, dit Justinien. Cette désignation
vague ne peut convenir qu'aux σύμμαχοι et aux *bucellaires*.

Les σύμμαχοι, nous les connaissons suffisamment par les récits
de Procope. Ce sont les « alliés » de la Ῥωμαίων πολιτεία. Tout autour de ses frontières, l'Empire a cherché à se faire une clientèle

---

1. Proc., *Anecd.*, 24, p. 149. A dire vrai, le mot λιμιτανᾶιοι semble ici employé
dans un sens abusif, pour désigner les soldats de toute nature qui cantonnaient
aux frontières. Car les vrais *limitanei*, possesseurs de terrains sur le *limes*, n'auraient
pu se livrer au vagabondage que décrit l'auteur.

2. Cod. Just., I, 27, 2 (§ 8) ; I, 46, 4.

3. Nov., 103, c. 3.

4. Cod. Just., I, 27, 2 (§ 8).

5. Pour la discussion de la thèse soutenue par Mommsen et par C. Benjamin,
je renvoie encore à mon étude de la *Byzantinische Zeitschrift* (XXI, pp. 97 sqq.).

d'états vassaux, liés à lui par un traité de συμμαχία (1), qui non seulement s'engagent à respecter le territoire romain, mais encore fourniront, moyennant subsides, des contingents militaires en cas d'expédition. Tantôt, — comme c'est le cas, par exemple, pour le royaume arabe des Ghassânides, — c'est le chef lui-même du peuple allié qui, à la tête de son armée, dirige contre l'ennemi commun une campagne parallèle à celle des Romains ; tantôt c'est seulement un corps plus ou moins considérable de combattants σύμμαχοι qui vient s'agréger au στρατός byzantin : tels les régiments hérules qu'on voit figurer dans les grandes guerres de Justinien. Dans les deux cas, ils restent distincts des troupes impériales, et n'ont pour chefs directs que des compatriotes ; ce sont, en somme, les anciens *fœderati* de l'époque romaine, affublés à présent d'un nom grec.

Enfin, les *bucellaires* pouvaient ajouter un dernier élément de variété à cet ensemble déjà complexe. Ceux-ci sont des soldats privés, mercenaires aux ordres de tout particulier assez riche pour les payer et les entretenir. Il y en avait de deux sortes, comme l'a fait justement observer M. Lécrivain (2): les uns appartenaient aux grands officiers de l'empire, ducs provinciaux ou chefs d'armée, formaient l'οἰκία de ce personnage, sa maison militaire, sous le nom de *doryphores* et *d'hypaspistes*, et le suivaient à la guerre. Une seconde catégorie était constituée par ceux que tel ou tel individu, sans titre officiel, avait pu prendre à son service. Ces derniers, en temps ordinaire, n'ont rien de commun avec l'armée : mais il arrive parfois que leur maître loue leurs services à l'Etat, et qu'ils concourent ainsi, par occasion, à la défense de l'empire.

Ce tableau sommaire d'une armée provinciale en général était une introduction nécessaire au présent chapitre, puisque nous n'avons que des renseignements épars et le plus souvent indirects sur l'armée spéciale de l'Egypte. Nous savons par là dans quels cadres il convient de verser ces données. Il est possible, en effet, de retrouver dans notre diocèse presque tous ces éléments de combat que je viens d'énumérer. C'est ce que laisse déjà entrevoir une

---

1. La nature exacte de la συμμαχία est éclaircie par un long passage de Procope sur les Hérules (*Bell. Goth.*, II, 13 et 14).

2. Lécrivain, *Les soldats privés au Bas-Empire*, p. 108 sqq.

phrase intéressante de Jean de Nikious, décrivant l'armée que Nicétas, lieutenant d'Héraclius, opposa en 609 aux troupes de l'empereur légitime, Phocas : « il rassembla une nombreuse armée, composée de soldats réguliers, de barbares, de citoyens d'Alexandrie, de la faction des Verts, de matelots et d'archers (1). » C'est ce que montrera surtout un examen détaillé des papyrus et des textes grecs.

1° Les στρατιῶται ou *comitatenses*. — Les papyrus et quelques inscriptions nous ont conservé les noms d'un certain nombre d'ἀριθμοί cantonnés en différentes villes du diocèse : ἀριθμὸς Μαύρων à Hermopolis, Scythes à Apollônopolis, Macédoniens à Antaïou, Daces et Τρανστιγριτανοί à Arsinoë, Isauriens à Alexandrie etc...; on en trouvera la liste, avec les références, à l'*Appendice* qui termine cette étude. La nature exacte de ces détachements n'est jamais indiquée, mais elle est facile à établir. Ecartons d'abord l'hypothèse qui ferait de ces garnisons non des troupes impériales, mais des milices urbaines levées et entretenues par les πόλεις qui les possèdent. Elles ne porteraient pas, en ce cas, des noms de peuples barbares souvent fort éloignés de l'Egypte, comme les Scythes ou les Daces ; ni de nations incorporées à l'empire, tels que les Macédoniens et les Isaures ; ni enfin des surnoms impériaux, comme celui de Ἰουστινιανοί qui leur est prodigué (2). Ce sont évidemment des corps détachés de l'armée d'empire, inscrits sur le *catalogue* officiel, et établis là où nous les trouvons en vertu d'un ordre du *basileus* (3). Quelquefois, — assez rarement, — on les désigne d'après la ville où ils sont établis : ἀριθμὸς Ἑρμουπόλεως ; mais c'est là peut-être une simple manière de parler, sans caractère officiel, et cela ne les empêche pas d'avoir un nom ethnique à côté de l'autre (4). Leur vraie appellation est le plus

---

1. J. N., c. cvii, p. 546 : on reconnaît là les στρατιῶται, les σύμμαχοι et diverses sortes de bucellaires.

2. Voir à l'Appendice. Cf., pour une époque antérieure (ive siècle) les Κωνσταντιακοί de B. G. U., 316, l. 9.

3. « ... κατηξίωσεν δὲ θείου πραγματικοῦ τύπου ἐνιδρύσθαι τῇ Ἑρμουπολιτῶν [ἀριθμόν τινα γενναιοτάτω]ν Νουμιδῶν Ἰουστινιανῶν...» (papyrus de Londres, inédit ; communication de M. Bell). — Les mots ἀριθμὸς Ἑρμωνθ(ιτῶν) qu'on lit dans B. G. U., 673 (provenance : Hermonthis), feraient penser à une milice ; mais il faut plutôt restituer Ἑρμώνθ(εως), comme on dit ἀριθμὸς Ἑρμουπόλεως, ἀριθμὸς Ἀνταίου, etc ..

4. Ainsi l'unique ἀριθμός d'Antaiopolis, avant Justinien, est souvent appelé

souvent un nom de peuple, et presque toujours de peuple barbare.

Malgré cette apparence cosmopolite, ce serait une erreur de voir en eux des *fœderati*. D'abord, nous trouvons parmi eux un corps de *Macédoniens* à Antaiou, que rien ne distingue des Scythes, leurs compagnons de garnison : on ne conçoit guère une troupe de φοιδεράτοι désignée ainsi du nom d'un peuple incorporé dans l'empire. Les *fédérés* sont une masse hétérogène, composée d'aventuriers de toute race, et il est impossible qu'on ait jamais donné des noms ethniques à leurs bataillons. En y regardant de plus près, d'ailleurs, *aucun* nom de soldat barbare n'apparaît jamais dans les papyrus du vɪᵉ ou du vɪɪᵉ siècle : nous voyons un Victor, fils de Bésios, dans le détachement des « Maures » d'Hermopolis (1) ; un Constantin, fils d'Agathos, parmi les « Daces » d'Arsinoé (2). Le *campiductor* des Transtigritani, dans cette même ville, en l'an 487, s'appelle Ploutammôn (3). On pourrait multiplier ces exemples : tous les soldats dont les papyrus font mention sont nés sujets byzantins ; et, par suite, les ἀριθμοί cités dans ces documents sont tous composés de στρατιῶται au sens strict, de *comitatenses* (4).

Pourquoi les garnisons des villes portaient-elles ces noms de fantaisie ? Dans la plupart des cas, c'est la tradition qui en perpétuait l'usage, depuis longtemps absurde. Autrefois, à l'époque romaine, d'authentiques Barbares avaient pu occuper les postes disséminés dans les provinces : le nom en resta aux garnisons, même après que le système du recrutement régional eut remplacé les étrangers par des Egyptiens. Les résultats ne laissaient pas d'être parfois bizarres. Ainsi Arsinoé, au vɪᵉ siècle, était défendue par des « Daces » : les recruteurs byzantins auraient eu grand

---

ἀριθμὸς ᾿Ανταίου, mais il portait probablement le nom particulier de ἀρ. Μακεδόνων. (P. byz. Caire 67005, l. 23). De même les Maures d'Hermopolis s'appellent quelquefois ἀριθμὸς ᾿Ερμουπόλεως ; cf. à l'Appendice, les articles concernant ces deux villes. L'ἀριθμὸς ταύτης τῆς ἄνω ᾿Απόλλωνος de P. Grenf., I, 60 (581), l. 56, est appelé ailleurs ἀρ. τῶν γενναιοτάτων Σκυθῶν ᾿Ιουστινιανῶν (P. Grenf. II, 95).

1. P. byz. Caire, 67091, 3 (528 ?).

2. Führer 353.

3. P. Lond., I, nᵒ cxɪɪɪ, 5 (*a*), p. 210 (498).

4. Il ne peut y avoir doute que pour ceux qui avoisinent un *limes* : ainsi les

mal, en ce temps-là, à se procurer ces Daces dont la race était anéantie (1).

Non seulement les papyrus ne nous fournissent jamais de noms de soldats barbares, mais, parmi ceux qu'ils nous ont transmis, beaucoup sont même caractéristiques de la vallée du Nil : Ploutammòn, Bêsnikôn (le dieu Bês vainqueur), Patermouthios, etc... (2). Les autres ont simplement une consonance hellénique, mais aucun n'accuse une origine étrangère à l'Egypte. Pas plus que les dénominations barbares, celles d' « Isauriens » ou de « Macédoniens » ne doivent faire illusion. Ces deux peuples comptaient parmi les plus estimés des Ῥωμαῖοι pour leurs aptitudes militaires. Quelque empereur a pu envoyer accidentellement un bataillon de ces troupes en Egypte : tel Justinien établissant en Arménie, quand il organisa cette province, des troupes prises sur les *praesentales* et les ἀριθμοί Ἀνατολῆς (3) ; le nom resta. L'arrivée des Isauriens à Alexandrie paraît dater du milieu du vᵉ siècle (4).

Nous avons vu, d'ailleurs, que les στρατιῶται proviennent soit de la conscription, chaque propriétaire présentant une recrue prise sur ses domaines, soit d'engagements volontaires, soit de l'hérédité. Par suite, dans chaque province, ce sont les indigènes qui les fournissent, au moins en majeure partie. Ce fait,

ἀριθμοί de Syène, d'Eléphantine et de Philai, qui paraissent dans P. München, *passim*, sont probablement des corps de *limitanei* (voir plus bas, p. 60 seq.).

1. La tradition remonte quelquefois très haut : les Maures, connus à Hermopolis encore sous Justinien, apparaissent déjà dans ce poste en 340 (B. G. U., 21, II, 19). — Les papyrus de Marini nous offrent d'utiles points de comparaison en Italie : là aussi nous remarquons des « Daces » (n° 92, l. 29), des « Arméniens » (95, 28), dont les noms sont purement byzantins.

2. Cf. P. Lond., I, cxiii, 1, p. 199 (vrᵉ siècle ; Arsinoé) : Φλ. Δελμάτις υἱὸς Φοιβάμμωνος ; I, cxiii. 5 (*a*), p. 210 (498, Arsinoé) : Φλ. Πλουτάμμων ; III, 992, p. 253 : Φλ. Σαραπίων et Φλ. Βησνικῶν (507 ; Hermopolis ? : voir à l'*Appendice*, art. Hermopolis) ; III, 1313, p. 256 : Φλ. Μηνᾶς Φοιβάμμωνος (507 ; Hermopolis) ; III, 999, p. 270 : Φλ. Σιλβανός Φοιβάμμωνος (538 ; Hermopolis) ; — B. G. U., 668 : Φλ. Δῖος Ἀβραμίου (Hermonthis) ; — P. byz. Caire, 67091 : Φλ. Βίκτωρ Βησίου (528 ? ; Hermopolis) ; — *Führer* 345 : un soldat dont *le frère* est natif d'Arsinoé (508 ; Arsinoé) ; — N. Pal. Soc., 128 (= P. Lond., 1790) : Patermouthios, Ménas, Apa Dios, Kollouthos, Mousaios (an 585), στρατιῶται ἀριθμοῦ Συήνης, et quelques exemples de la même provenance dans P. München ; mais il faut noter qu'il s'agit sans doute ici de *limitanei*.

(3) Malalas, p. 429, l. 21.

(4) Voir *Appendice*, art. Alexandrie.

joint au témoignage des papyrus, nous permet d'affirmer que ces
στρατιῶται qui forment le fond de l'armée égyptienne, sont en
principe des Coptes : constatation qui ne manque pas d'intérêt,
si l'on veut se rendre compte de la valeur de cette armée (1).

Ceci posé en règle générale, il faut reconnaître quelques exceptions qui la contredisent, comme c'est presque toujours le cas dans
l'étude des institutions byzantines. Au cours des guerres de Justinien, des prisonniers de guerre ou des transfuges furent plusieurs
fois incorporés en bloc dans l'armée romaine : des Goths (2), des
Perses (3), des Vandales. Ces derniers (4) firent même partie
d'une armée provinciale, ayant été chargés, sous le nom de Βανδίλοι
Ἰουστινιανοί, de tenir garnison dans certaines villes de la préfecture
d'Orient : on les avait organisés en cinq ἀριθμοί analogues à ceux
des στρατιῶται et auxquels Justinien, on le voit, laissa leur nom en
y ajoutant le sien comme épithète, pour bien rappeler que c'était
lui qui les avait créés (5). Or, on trouve à Apollônopolis magna,
à Antaiopolis, des Σκύθαι Ἰουστινιανοί, à Hermopolis des Νουμίδαι
Ἰουστινιανοί. Faut-il en conclure, par analogie, que ces soldats sont
d'authentiques Barbares, fraîchement transportés en Egypte
par Justinien ? A vrai dire, cela n'est nullement certain dans tous

---

1. Dans un article, cité plus haut, de la *Byzantinische Zeitschrift*, j'ai déjà
exposé en partie ces idées sur l'origine des στρατιῶται, idées qui sont contraires à la
théorie généralement reçue de la prépondérance de l'élément barbare dans l'armée
byzantine. Cette dernière théorie n'est exacte que pour l'époque qui précède
immédiatement la nôtre. M. Gelzer (*Studien*, p. 13) apporte deux exemples qui
montrent qu'au ıv° et encore au v° siècle (vers 450), on posait parfois l'identité : soldat = barbare. Mais précisément le v° siècle, si mal connu, est celui des réformes ;
c'est alors qu'on abandonna définitivement le système de la légion dispersée entre
certains postes choisis. A l'époque byzantine les garnisons, plus faibles chacune,
sont aussi beaucoup plus nombreuses ; toutes les villes en reçoivent. On dut alors
faire appel, dans une plus large mesure, aux indigènes. A partir du vı° siècle, on
ne peut citer *aucun* texte établissant la présence régulière et habituelle de Barbares
dans les corps de στρατιῶται : les quelques exceptions que nous verrons plus bas
furent des mesures essentiellement éphémères.

2. Proc., *Bell. Goth.*, II, 19 (p. 235).

3. *Ib.*, *Bell. Pers.*, II, 19 (p. 235).

4. *Ib.*, *Bell. Vand.*, II, 14 (p. 484) : ὅπως ἐν πόλεσι...... ἱδρύσωνται. Ce sont
tout à fait les expressions employées par les papyrus pour désigner les garnisons
des villes égyptiennes : καθιδρυμένοι ἐπὶ τῆς (δεῖνα) πόλεως (cf. par exemple
P. Lond., III, 1313, p. 256).

5. Un autre exemple de garnison étrangère (quoique non barbare) transplantée

les cas. Hermopolis possédait depuis le IV⁰ siècle au moins un bataillon de Maures, qu'on voit encore cité en 538 (1). Or, la plupart des villes égyptiennes n'avaient pour garnison qu'un seul ἀριθμός (2) : ces *Numides* pourraient donc bien être identiques aux *Maures* dont ils paraissent prendre la place. Justinien aurait de façon quelconque remanié l'ἀριθμός, en lui imposant sa marque, avec cette vanité qui lui faisait tout dater de son règne. Un de ces « Numides », d'ailleurs, s'appelle Andreas, un autre Theoteknos, noms essentiellement byzantins (3). De même, quelques « Scythes Justiniens » qui nous sont connus n'ont pas la mine d'être jamais venus de Scythie (4). Mais enfin, s'il ne le fut pas de tous, Justinien dut bien être le créateur de quelques-uns des *numeri* qui portaient son nom : et en ce cas, on ne peut guère admettre qu'une troupe dite « scythe » ait été, dès l'origine, entièrement composée d'Egyptiens. De fait, un capitaine des « Scythes » d'Apollônopolis porte le nom significatif de *Ricimer* (la date, il est vrai, est inconnue) (5). En Italie, où, comme nous l'avons déjà vu, les papyrus de Marini nous offrent d'excellents point de comparaison, les « Daces » ou les « Arméniens » paraissent bien être des Byzantins : mais le bataillon des *felices Persoarmin(ii)* n'a pas usurpé son nom, puisqu'il compte dans ses rangs un certain

dans une province nous est fourni par Malalas (p. 432, l. 1-3). Justinien établit à Bosporos de Chersonnèse un « ἀριθμὸν στρατιωτῶν Ῥωμαίων, ἤτοι Ἰταλῶν, λεγομένων Ἰσπανῶν ».

1. P. Lond., n° 999 (vol. III, p. 270) : pour la lecture Ἑρμου]πόλει, cf. *Appendice*. D'une manière générale, je renvoie à l'Appendice pour toutes les références concernant les ἀριθμοί, qui ne seraient pas indiquées dans une note.

2. Voir plus bas, p. 95 sqq.

3. P. byz. Caire, 67058, VI, 20 : τῷ Ἀνδρέᾳ Νουμίτ(η) ; c'est peut-être le résultat d'un oubli du scribe, pour [ἀπαιτητῇ] Νουμιτ(ῶν), car plus haut (col. V, 4) on lit ἀνν(ῶναι) τῶν... Νουμ(ιτῶν).... δ(ιὰ) Ἀνδρέου ἀπαιτ(ητοῦ). Nous connaissons encore un *optio* ou *actuarius* de ce corps, appelé Theoteknos (P. Lond. inédit : communiqué par M. Bell). Or, ces places d'*optiones* étaient réservées à d'anciens soldats, comme le prouve la comparaison de P. byz. Caire, 67062, 9 (Στέφανος στρατιώτης) et 67137, I, 1 (Στέφανος ἀκτουάριος).

4. Flôrentios, stratélate des Scythes Justiniens d'Antaiou vers 570 (P. byz. Caire, 67009, *recto*, 21) ; — Fl. Psensoêrios, fils d'Anoubiòn, stratélate de ceux d'Apollônopolis (P. Grenf., II, 89).

5. Lefebvre, 559. Ce nom barbare est absolument *unique* dans nos documents : encore convient-il d'observer que c'est celui d'un officier, ce qui affaiblit la portée de l'exemple.

Tzitas v(ir) d(evotissimus) miles (1). Des bandes barbares, soit d'engagés, soit de prisonniers, ont donc été, à l'occasion, envoyées dans des garnisons provinciales, et ainsi ces noms de peuples étrangers, portés par les ἀριθμοί byzantins, ne furent pas tous et toujours immérités. L'exception est légère en tout cas : car de tels procédés furent forcément rares, et en outre, vu l'impossibilité d'assurer à l'avenir le recrutement de ces troupes exotiques, l'élément indigène s'infiltrait peu à peu dans la masse, et se substituait à l'autre.

A part ces cas irréguliers, l'hérédité était sans doute la principale source de renouvellement de l'armée (2). Si les fils de vétérans n'étaient pas assez nombreux pour remplir les vides des cadres, on recourait à une levée de recrues; dans le cas contraire, on remplaçait la prestation « en nature » par un impôt spécial *(aurum tironicum)* : le système de l'*adaeratio* était en vigueur jusque dans le recrutement des troupes (3). Quelques papyrus nous enseignent comment se pratiquait la levée des *tirones* ; ils datent, il est vrai, du IVe siècle, et il n'existe, à ma connaissance, aucun document local du VIe, relatif à la prestation des recrues : mais il est des plus vraisemblables que le système était resté le même. Chaque ville, chaque κώμη, doit présenter un nombre déterminé de soldats, par les soins d'un employé appelé ἐπιμελητὴς τιρώνων (4). Dans l'intérieur de la κώμη, chaque propriétaire foncier, ou groupe de propriétaires, est tenu de fournir pour l'armée un certain nombre d'hommes, proportionnel à sa fortune, et pris sur ses domaines. Tantôt le conscrit (νεόστρατος τείρων) (5) sera ainsi désigné d'office ; tantôt un

1. P. Marini, 122, 5-6.
2. Cod. Theod., VII, 1, 11. Une confirmation directe du fait manque, à ma connaissance, dans les papyrus byzantins d'Egypte (les soldats héréditaires d'Eléphantine, dans P. München, étant des *limitanei*). Pourtant, on peut voir une sorte de famille militaire dans P. Lond., III, p. 253, n° 992 (507 ; Hermopolis). Un exemple net s'observe en Italie (P. Marini, 95, l. 30-31). Il semble, d'ailleurs, d'après le silence des textes juridiques, que l'hérédité militaire n'était plus obligatoire au VIe siècle, pour les στρατιῶται.
3. Le mot précis se lit dans une constitution de Valentinien III (Nov. Val. VI, 3, 1) : « tirones in adaeratione persolvere ». Pour les détails de cette organisation au IVe siècle, voir l'article *Dilectus* dans la Real-Encyclopädie Pauly-Wissowa.
4. Sur ce fonctionnaire, cf. Gelzer, *Studien...*, p. 48-49.
5. P. München, p. 23 (Inv., n° 105).

engagé volontaire s'offrira de lui-même au recruteur (1). Dans l'un et l'autre cas, inscrit sur la liste par l'épimélète, le *tiro* doit subir un examen avant d'être accepté : il faut vérifier son aptitude physique au service (2), et s'informer s'il ne cherche pas, par un engagement dans la milice, à se soustraire aux charges municipales, aux fonctions de décurion, par exemple (3). Cet examen a-t-il lieu dans la capitale de la province, ou est-il fait sur place par les ἐπιμελητxί, qui envoient ensuite leur rapport au duc ? La seconde hypothèse, nous verrons bientôt pourquoi, est la plus probable. En tout cas, c'est dans les bureaux du duc qu'intervenait la décision : les recrues proposées étaient jugées là, et réparties, si elles étaient acceptées, entre les différentes garnisons de la province : à cet effet, le duc délivrait à chaque *tiro* une *probatoria* (4), attestation par laquelle il approuvait son enrôlement et donnait l'ordre aux autorités de tel ἀριθμός désigné, de l'inscrire sur le registre (μάτριξ) (5) de la compagnie. Le nouveau soldat n'avait plus alors qu'à présenter au corps cet ordre de réception.

Cette dernière procédure nous est indiquée avec toute la netteté désirable par un très important papyrus d'Eléphantine daté de l'an 578, un des rares documents d'administration militaire qui

---

1. P. Gen., 51, 14 : ἔδω[κε]ν τὸ ὄνομα αὐτοῦ, ἵνα σ[τρ]ατευθῇ.

2. *Cod. Theod.*, VII, 1, 5 ; VII, 13, 1 ; VII, 13, 9, etc. Cf. J. Lyd., III, 2 (p. 88, l. 19) : οὐδὲ... ἄδειαν εἶχεν ὁ βουλόμενος ζώνην περιθέσθαι οἱανοῦν, μὴ πρότερον ἀποδείξας, ὡς εἴη πρὸς αὐτὴν ἐπιτήδειος.

3. *Ibid.*, VII, 2, 2.

4. P. München, p. 23 (Inv., n° 105, l. 3) ; Ed. Anast., c. 14 : (τῷ νουμεραρίῳ καὶ πριμισκρινίῳ (ὑπὲρ) στρατευσίμου κ(αὶ) τῆς καλουμ(ένης) προβατωρίας : ce sont donc ces deux employés de l'*officium* qui la font expédier. Cf. la *probatio* tironum du *Cod. Theod.*, VII, 13, 1. et les προβατωρίαι des fonctionnaires de bureaux dans J. Lyd. p. 88, l. 18, et dans Ed. XIII, 1, 4. En théorie, l'empereur lui-même délivre la *probatoria* ; mais une loi de Zénon (Cod. Just. XII, 36, 17) indique comment, dans la pratique, c'est le duc qui s'en trouve chargé.

5. P. München, *ibid* Cf. Ed. Anast., c. 3 : (ὥστε κρατεῖν τὰς μάτρικας τὰς παρὰ Δανιὴλ (le duc de Libye)... συνταγείσας. C'est donc le duc qui est censé répartir lui-même les recrues entre les ἀριθμοί. En fait, nous verrons bientôt que ce n'était là qu'une fiction, les *tirones* étant sans doute généralement enrôlés dans la garnison de leur canton d'origine. L'épimélète de chaque πόλις les désignait non pour l'armée en général, mais pour le bataillon particulier de la πόλις. — Cf. encore J. Lyd., III, 2 (p. 88, l. 12) : αἱ λεγόμεναι μά[τρι]κες, ἀντὶ τοῦ ἀπογραφαὶ τῶν καταλόγων.

nous soit parvenu du vi⁰ siècle (1). C'est une ἀποχή par laquelle les sous-officiers (2) du *numerus* d'Eléphantine reconnaissent avoir reçu et enregistré la *probatoria* qui leur a été présentée par le conscrit Fl. Patermouthios, fils de Dios : « ὁ κοινὸς (= τὸ κοινὸν) τῶν προτευόντων τοῦ ἀριθμοῦ [τ]ῶν στρατιωτῶν τοῦ φρουρίου Ἐλεφαντίνης... Φλ(αυίῳ) Πατερμουθίῳ υἱῷ Δίου νεοστράτῳ τείρονι τοῦ αὐτοῦ ἡμετέρου Ἐλεφαντίνης, χαίρειν. Ἐδεξάμεθα τὴν σὴν προβατορίαν μεθ' ἑτέ[ρ]ων ὀνομάτων, ἐπὶ τῆς ἐξουσίας τοῦ κυρίου ἡμῶν (le duc de Thébaïde)..., τὴν παρακελευομένην ἡμᾶς καταταγῆναι τὴν σὴν προσηγο[ρ]ίαν εἰς τὴν ἡμετέραν μάτρικα ἀπὸ καλανδῶν Ἰανουαρίου... Καὶ ἡμεῖς ἔχοντες τὸν φόβον τῆς... ὑμετέρας ἐνδόξου ὑπεροχῆς, ἕτοιμοί ἐσμεν πᾶσι τοῖς προστεταγμένοις ἡμ[ῖ]ν τὸ ἱκανὸν ποιεῖν...». Le duc a donc accordé la *probatoria* à Patermouthios en même temps qu'à plusieurs autres camarades futurs du *tiro* ; adressée aux autorités du *numerus* de Syène, elle contenait l'ordre (παρακελευομένη) d'inscrire sur les rôles (μάτριξ) le nom du νεόστρατος. Ce qui fut fait. par obéissance à l'autorité ducale : ἔχοντες τὸν φόβον etc... (3).

J'ai observé plus haut que le lieu où se tenait l'examen des recrues est inconnu. La question ne serait cependant pas sans intérêt ; car si c'est à la capitale de la province, les conscrits sont probablement répartis dans n'importe laquelle des garnisons du duché ; si c'est dans la ville où ils résident, il est plus vraisemblable qu'ils y resteront pour y accomplir leur service. Les soldats des bataillons de Syène et d'Eléphantine, du moins tous ceux que nous connaissons (4), sont originaires de ce canton ; mais le fait est dépourvu de signification, s'ils sont, comme je le crois, des *limitanei*. Puisque les enfants des vétérans étaient inscrits sur les registres matricules dès leur bas âge (5), ils devaient normalement servir dans le même ἀριθμός que leur père, soit, par conséquent. dans la ville où ils étaient nés. Les informations à

---

1. Le papyrus est entièrement publié par M. L. Wenger, dans P. München, p. 7, 23 et 24 (Inv. n° 105).

2. Les πρωτεύοντες ou *priores* : cf. plus bas, p. 104.

3. Je discuterai plus loin (p. 60) la question de savoir si ces ἀριθμοί de Syène et d'Eléphantine sont des στρατιῶται ou des λιμιτανέοι. Dans la circonstance présente, la solution qu'on donne à ce problème importe peu. Les *numeri* de limitanei étaient vraisemblablement organisés comme ceux des στρατιῶται.

4. P. München, p. 10 et seq. ; — N. P. Soc., 128 : Φλαύιος Ἰωάννης... στρατιώτης ἀριθμοῦ Συήνης, ὁρμώμενος ἀπὸ τῆς αὐτῆς.

5. *Cod. Theod.*, VII, 1, 11.

recueillir dans les papyrus sont rares et contradictoires. Dans P. Lond. III, 992 (p. 253), les nommés Φλλ. Σιλβανός et Σαραπίων sont στρατιῶται ἀριθμοῦ ['Ερμου]πόλεως (1) et ἀπὸ τῆς αὐτῆς πόλεως. Le soldat natif d'Arsinoé, qui apparaît dans *Führer* 345 (provenance : Fayoûm), est sans doute enrégimenté dans la garnison de cette ville. Ceci confirme les considérations précédentes ; et il parait logique que telle ait été la règle générale. Mais non pas absolue ; un papyrus de Marini indique que le service n'était pas héréditaire forcément dans le même *numerus* : Paulacinem (*sic*) v(iro) d(evoto) mil(ite) num(eri) Arm(eniorum), filio... Stefani prim(ipili) num (eri) Veronis(ium) (2). En Egypte même, nous voyons un exemple de transfert, et cette fois dans un autre canton. Un certain Fl. Victor, dans une requête adressée au *riparios* d'Aphrodité, se déclare στρατιώτης [τοῦ ἀριθμοῦ] τῶν γενναιωτάτων Μ[αύ]ρω[ν τῶν ἐπὶ] τοῦ 'Ερμοπολίτου νομ[οῦ, ὁ]ρμ[ώ]μ[ενος] ἀπὸ τῆς αὐτῆς κώμης (Aphrodité, dans le nome Antaiopolite) (3). Il accomplit son service dans la province où il est né, mais non dans son nome. Toutefois, la situation administrative d'Aphrodité étant anormale sous tous les rapports, le cas de Fl. Victor n'est pas typique (4) ; et, malgré lui, je crois pouvoir admettre qu'en principe, les recrues levées sur le territoire d'une pagarchie étaient réservées à la garde de cette même pagarchie (5). La mesure était déjà dangereuse en soi,

---

1. M. Bell, éditeur du document, restitue ['Αντινόου]πόλεως ; voir la discussion à l'*Appendice*, art. *Hermopolis*.

2. P. Marini, 95, 30-31.

3. P. byz. Caire, 67091, l. 4-6.

4. La κώμη d'Aphrodité contribuait à l'annone des « Numides Justiniens » d'Hermopolis (P. Lond.,inédit (comm. par H. J. Bell) : χρὴ ἐκ τῆς ὑμετέ[ρ]ας κώμης τὸ ὑποτεταγμένον μέτρον εἰσενεγκεῖν καὶ παρασχεῖν τοῖς γενναιοτάτ[οις] στρατιώταις τοῖς ἀπὸ τοῦ ἀριθμοῦ Νουμίδαις, etc... ; voir à l'*Appendice*, art. Hermopolis, une autre citation du même papyrus) ; les papyrus du Caire 67056 et 67058 attestent le même fait. On peut en conclure que le cas de Fl. Victor n'était pas isolé, mais que, régulièrement, une partie de la garnison d'Hermopolis était prélevée sur les recrues d'Aphrodité. Cette constatation, loin de renforcer l'argument, l'affaiblit, au contraire, en montrant qu'il s'agit là d'une convention particulière, inhérente à la situation politique d'Aphrodité. Cette κώμη autopracte n'avait pas de garnison : ses *tirones* devaient être envoyés à Antaiopolis (V. Appendice, *Aphrodité*) ; mais, comme elle était populeuse, il restait sans doute un excédent qu'on attribuait à l'ἀριθμός d'Hermopolis.

5. A plus forte raison n'étaient-elles pas envoyées hors d'Egypte. Les Coptes ne comptant pas parmi les races belliqueuses que recherchaient les pourvoyeurs, ou

en ce qu'elle affaiblissait la distinction entre les éléments civil et militaire ; mais on ne se borna pas là.

Le devoir des στρατιῶται, quand ils n'étaient employés ni à la guerre ni à quelque besogne publique du temps de paix, était de s'exercer au métier des armes, sous la direction de leurs tribuns. La législation leur interdisait tout ce qui pouvait les distraire de cette occupation, notamment de travailler pour le compte des particuliers (1), de se livrer au négoce, ou de louer des terres qu'ils cultiveraient (2). Cet étrange abus n'en persistait pas moins, il semble même avoir été fort répandu en Egypte. Certains soldats étaient propriétaires fonciers, par héritage ou par toute autre voie (3) ; un certain Victor, natif d'Aphrodité, et enrôlé parmi les Maures d'Hermopolis, a une maison dans son village natal, et sans doute un terrain alentour, qu'en vérité il ne cultive pas lui-même, mais fait cultiver par un ouvrier agricole (4). D'autres vont plus loin, et à côté de leur vie militaire se créent toute une vie civile distincte, qui devait faire une singulière concurrence à la première.

Ainsi presque tous les *limitanei* (?) de Syène, d'Eléphantine et de Philai, cumulent les fonctions de soldat et de ναύτης : Φλαύιος Ἰωάννης... στρατιώτης ἀριθμοῦ Συήνης, ὁρμώμενος ἀπὸ τῆς αὐτῆς, ναύτης τὸ

---

ne se souciait pas de lever parmi eux des cohortes supplémentaires destinées aux grandes guerres de l'empire. Du moins n'en avons-nous nul indice, tandis qu'on voit des Illyriens, des Macédoniens, des Thraces, des Isauriens dans toutes les guerres narrées par Procope. Les Egyptiens n'étaient estimés que comme matelots : l'amiral Kalònymos, qui transporta en Afrique l'armée de Bélisaire, était un Alexandrin, et une bonne partie de son équipage était composée d'Egyptiens (Proc., *Bell. Vand.*, I, 11, p. 362) : encore n'étaient-ils chargés que de manœuvrer les bateaux de transport, pareils à ceux qu'ils conduisaient chaque année à Byzance, pour le service de l'annone. Les bateaux de guerre (δρόμωνες) étaient confiés à d'autres mains. Quant au service de terre, les Coptes n'y furent appelés que pour la garde de leur pays, et rien de plus.

1. Nov., 116.

2. *Cod. Just.*, XII, 36, 15 ; — IV, 65, 35.

3. P. Lond., I, n° CXIII, 1, p. 199 (vıe siècle ; Arsinoé) : héritage disputé par un soldat ; III, 1313, p. 256 (507, Hermopolis) : soldat co-propriétaire d'un vignoble. Dans *Wessely*, Sitzungsber. de l'Acad. de Vienne, t. 149, V, p. 45, un centurion de la garnison d'Arsinoé possède dans cette ville une maison, dont il habite une partie et loue le reste.

4. P. byz. Caire, 67091. Ce colon est le γεωργός contre lequel est dirigé la plainte. Je dois dire que la restitution γε[ωργός] n'est pas certaine (l. 25).

ἐπιτήδευμα (1) ; — στρ(ατιώτης) ἀριθμοῦ Φιλῶν, ναύτης ἀπὸ τῆς αὐτῆς Συήνης (2) : — Patermouthios, ναύτης de Syène, soldat dans l'ἀριθμός Ἐλεφαντίνης (3). Il ne s'agit pas ici de matelots de l'Etat. On pourrait admettre la création d'une flottille fluviale à Philai, contre les Nobades : mais à Syène, en aval de la cataracte ? Et comment les soldats de ces *trois* ἀριθμοί pourraient-ils tous servir dans une flotte impériale ayant son port à Syène ? D'ailleurs nous voyons que leurs bateaux leur appartiennent, qu'ils les vendent ou en héritent (4). Cette ναυτικὴ τέχνη (5) à laquelle ils sont adonnés est donc une occupation privée et civile.

Evidemment ces ναῦται ne sont pas ceux qui se chargent de transporter à Alexandrie les blés de l'annone (6), ou s'acquittent d'autres missions semblables ; il fallait qu'ils s'éloignassent peu de leurs casernements. De plus, tous, même s'ils servent à Philai ou à Eléphantine, s'intitulent ναῦται ἀπὸ Συήνης : c'est donc Syène seulement qui était le siège d'une importante corporation de bateliers (7). Peut-être leur affaire était-elle d'effectuer les transports de Syène à Philai, par-dessus la cataracte, faisant communiquer par leur entremise les deux tronçons navigables du Nil : celui de Nubie et celui de Thébaïde. Des pilotes expérimentés peuvent, en effet, sans grande difficulté, diriger leur barque à travers les rapides ; et c'est un exercice qui se pratiquait encore couramment il y a peu de temps, avant la construction du barrage d'Assouân.

Le fait est tellement extraordinaire qu'on pourrait le croire spécial aux *limitanei*, dont la qualité de *soldats* était beaucoup moins stricte que celle des στρατιῶται proprement dits. Mais on en relève un autre exemple loin de toute frontière, à Arsinoé, où un soldat loue une partie d'une maison pour y exercer la profession de boulanger (8). Sans doute, il devait déléguer un sous-ordre

1. N. Pal. Soc., planche 128.
2. P. Lond., n° 1791 (inédit ; communication de M. H. J. Bell).
3. P. München, p. 14 (In., n° 102).
4. *Ibid.*, p. 13 (Inv., n° 97).
5. *Ibid.*, p. 10 (Inv., n° 96, l. 13).
6. P. byz. Caire, 67030, B, 6.
7. Cette qualité semble être héréditaire, comme la milice. Dans P. München (p. 10), Jacob exerce la ναυτικὴ τέχνη du vivant et après la mort de son père Dios.
8. Führer, 345 (an 508).

pour tenir la maison ; mais il reste acquis que des soldats réguliers de l'empire pouvaient posséder des terres et des maisons
même hors de leur ville de garnison, et s'occuper de métiers civils en dépit des lois. C'était là un acheminement vers le système
des gardes nationales, qui contribua pour beaucoup à l'affaiblissement de cette armée d'Egypte, déjà débilitée par tant d'autres
causes (1).

Le service militaire devait durer jusqu'à 40 ans en théorie,
comme dans le reste de l'empire (2). Passé cet âge, le soldat était
retraité, gardant dans sa nouvelle existence le titre d'ἀπὸ στρατιωτῶν
qui lui valait certains privilèges appréciables, comme l'exemption
des impôts, et des charges municipales (3).

Une dernière question que nos documents laissent complètement dans l'ombre, c'est celle des différentes « armes » et de leur
rôle relatif dans l'armée d'Egypte. Les στρατιῶται pouvaient être
des cavaliers tout aussi bien que des fantassins (4), et il est évident
que dans notre diocèse le corps d'occupation devait comprendre
et des ἱππικοί et des πεζικοὶ ἀριθμοί ; mais les papyrus n'ajoutent jamais, en parlant d'une garnison, à laquelle de ces deux catégories nous avons affaire. Beaucoup parmi les noms des *numeri*
conviennent plutôt à de la cavalerie : Numides, Scythes, Transtigritains. Arsinoé avait pour sa garde un détachement de Λεοντοκλιβανάριοι, « cuirasssiers Lions » (5), qui évidemment étaient

---

1. Cf. *Atti del R. Istituto Veneto di scienze, lett. ed arti*, t. LXVII, p. 1185 sqq. :
G. Ferrari, *Tre papiri inediti...*, n° 3 : on y rencontre un Ἀδριανός ὁ στρατιώτης
καὶ ἀπαιτητής. Mais ces fonctions de percepteur d'impôts ne s'exercent sans doute
qu'à propos de l'annone militaire.

2. C'est la règle traditionnelle retenue par l'auteur du *Strategikon*, I, 2, 21 (Cf.
Aussaresses, p. 10). — Dans P. München, le même soldat, Jean, apparaît en 583
(p. 12 ; Inv., n° 97) et en 594 (p. 14 ; Inv., n° 102). Cette durée est la plus
longue que nous connaissions par les papyrus ; et certainement elle est encore fort
au-dessous de la réalité.

3. Cod. Just. XII, 47, 1. Cf. P. Lond., III, 999, p. 270 (Hermopolis, 538) ;
voir à l'Appendice la restitution probable du texte incorrect.

4. Proc., *Bell. Vand.*, I, 11 (p. 361) : πεζοὺς μὲν στρατιώτας μυρίους, ἱππέας
δὲ πεντακισχιλίους, ἔκ τε στρατιωτῶν καὶ φοιδεράτων συνειλεγμένους.

5. Cité par C. Wessely, *Wien. Stud.*, t. XXIV, p. 131 et 136. Variantes : Λεώνων
ou Ληόνων (= *leonum*) ou Λεόντω(ν) κλ., ce qui prouve bien que le nom de l'empereur Léon n'est pour rien dans la formation du mot. Peut-être les soldats de ce
bataillon avaient-ils pour insigne un lion, figuré sur leur bouclier. (Sur les
insignes des légions, cf. R. Cagnat, dans le Dictionnaire de Daremberg et Saglio,

montés. Jean de Nikious nous apprend que sa ville épiscopale reçut, sous le règne de Maurice, un escadron de cavalerie (1). C'est tout ce qu'on sait de précis. Au vi^e siècle, il est certain qu'on avait une préférence marquée pour cette arme, réputée supérieure (2) : préférence qui s'est peut-être fait sentir en Egypte. Mais cette prépondérance n'a pu dépasser certaines bornes, car le cheval prospère difficilement dans la vallée du Nil. Le Foutouh al Bahnasâ laisse voir à chaque instant, à l'arrière-plan des batailles, les fantassins armés d'arcs, gardant les remparts des villes.

Quant aux armes spéciales, artillerie, génie, on n'en entend jamais parler. Cependant, les fortifications des villes avaient besoin d'être entretenues et réparées, et les machines de guerre jouent un grand rôle dans les sièges d'Alexandrie par Bonose (3) ou par les Arabes (4). Partout où c'était possible, on devait utiliser la main-d'œuvre civile ; pour le reste, chaque compagnie peut-être possédait une section spéciale d'artificiers, μηχανάριοι, qui dirigeaient au besoin le travail de leurs camarades. Enfin, il va de soi que l'armement des troupes égyptiennes ne peut avoir différé de l'équipement ordinaire du soldat byzantin. Les rares textes qu'on peut réunir sur la matière confirment cette assertion, évidente déjà a priori. Le *Foutouh al-Bahnasâ* (dont l'autorité, à vrai dire, est ici des plus faibles) nous dépeint des cavaliers armés de toutes pièces, cuirassés, casqués, avec l'épée, la lance et le bouclier (5). Nous venons de parler des cuirassiers ou κλιβανάριοι ; des archers figuraient dans l'armée de Nicétas en 609 (6). des frondeurs blessèrent Bonose au siège d'Alexandrie à la même époque (7). Il suffit, pour avoir une idée de l'équipement du στρατιώτης égyptien,

au mot *Legio*, p. 1093.) — Des κλιβανάριοι sont encore mentionnés dans un papyrus inédit du musée d'Alexandrie, malheureusement mutilé ; enfin la garnison de Syène était peut-être composée de cavaliers. si l'on interprète ainsi l'expression de στρατιώτης καβαλλάριος (?) qu'on trouve dans P. München, p. 22. Autre mention de καβαλλάριοι dans Wessely, *Stud. Pal.* X, n° 160, l. 1. (Arsinoé, vi^e siècle).

1. J. N., c. xcv, p. 523.

2. Cf. à ce sujet C. Benjamin, *Quæst. milit.*, p. 14.

3. J. N., c. cvii et cviii, p. 547.

4. J. N., c. cxix, p. 570 ; cf. c. cxvii, p. 566.

5. Fout. Bahn., p. 78, 81, 91, etc...

6. J. N., c. cvii, p. 547.

7. *Ibid.*, c. cviii, p. 547 ; à moins qu'il ne s'agisse d'une pierre de mangonneau.

de se reporter aux chapitres généraux consacrés à l'armement par les traités de tactique de l'époque (1). Cette observation vaut non seulement pour les στρατιῶται, mais pour toutes les autres catégories de soldats qui nous restent à examiner.

2° *Les limitanei* (λιμιτανέοι (ou λιμιταναῖοι), καστρησιανοί). — Leur nom ne se rencontre dans aucun document relatif à l'Egypte proprement dite. Pour le reste du diocèse, les καστρησιανοί sont cités une seule fois, le long du *limes* libyque (2). Toutefois, leur présence sur les autres frontières n'est pas douteuse, puisque nous avons constaté, en Augustamnique et en Haute-Thébaïde, l'existence d'un *limes* avec ces *castra* qui leur sont ordinairement confiés. Autour du diocèse, on les trouve en Afrique (3) comme en Palestine (4) : il n'y a pas de raison pour que l'Egypte ait été moins favorisée sous ce rapport. Enfin, quoique leur nom ne soit pas expressément prononcé, il semble bien qu'il faille les reconnaître dans les hommes des ἀριθμοί de Syène, d'Eléphantine et de Philai, mentionnés par les papyrus de Londres et de Munich (5).

Il est naturel, en effet, de penser que cette marche extrême confinant au territoire nubien, est gardée par des *limitanei*, puisqu'elle constitue ce qu'on appelle τὸ λίμιτον. Ni Syène, ni Eléphantine, d'ailleurs, ne sont des πόλεις (6) ; régulièrement, elles ne doivent pas être le siège d'une garnison de στρατιῶται (7). Le bataillon d'Eléphantine, nous dit-on formellement, est préposé à la garde d'un φρούριον, c'est-à-dire d'un *castrum* (κοινὸς τῶν προτευόντων τοῦ ἀριθμοῦ [τ]ῶν στρατιωτῶν (8) τοῦ φρουρίου Ἐλεφαντίνης).

---

1. Cf. par exemple *Anon. Tact.*, XVI, chapitre intitulé περὶ ὁπλίσεως. Les armes énumérées sont le bouclier, le casque, la cuirasse, les jambières, la lance, les javelots et autres traits, sans compter l'épée. Le *Strategikon* attribué à Maurice ajoute la fronde (VII, 9, 154) : cf. *Aussaresses*, p. 48 sqq.

2. Cf. plus haut, p. 48.

3. *Cod. Just.*, I, 27, 2, 8 sqq.

4. *Nov.*, 103, c. 3.

5. Tous inédits ; un seul spécimen de ceux de Londres est publié dans *N. P. Soc.* (pl. 128) : et M. Bell a eu l'obligeance de me fournir quelques renseignements sur les autres ; je cite ceux de Munich d'après les extraits édités par L. Wenger (P. München). L'ensemble des citations est réuni à l'Appendice.

6. Elles manquent au Synecdôme d'Hiéroclès (voir p. 20).

7. Voir plus bas, p. 90 sqq.

8. Le mot στρατιώτης est pris ici dans son sens général, et non dans le sens strict de στρατιώτης ἐκ τῶν καταλόγων ou *comitatensis* ; P. Münch., p. 23 (Inv., n° 105, l. 1).

Cette dernière raison est assez forte, sans être absolument convaincante ; car il arrive à des στρατιῶται proprement dits d'occuper à l'occasion un *castrum* de la frontière (1). Mais en outre, les papyrus de Munich nous montrent que ces « soldats » de la frontière sont moitié civils, moitié militaires. La qualité de « bateliers » leur est officiellement reconnue. Leurs procès de famille (où des femmes se présentent souvent comme parties) sont débattus tantôt devant des tribunaux militaires, le κοινόν des sous-officiers du bataillon (2), le βικάριος d'Hermonthis (3), le τοποτηρητὴς τοῦ λιμίτου ; tantôt devant un magistrat civil qui s'appelle lui-même Μᾶρκος σχο(λαστικός) (4). Cette situation s'applique bien à des *limitanei* : ceux-ci, en effet, se trouvaient dans une condition intermédiaire, par le fait qu'ils avaient reçu des terres domaniales le long de la frontière en échange de leurs obligations militaires, et qu'ils les cultivaient eux-mêmes.

La fonction était héréditaire : les *limitanei* servaient donc sur place, et le recrutement en était assuré mécaniquement. Chaque nouvel assujetti était inscrit sur le registre du corps, sur le vu d'une *probatoria* du duc, de la même façon que nous avons décrite à propos des στρατιῶται. Une partie seulement de leur temps était légalement consacrée aux exercices militaires ; ils employaient le reste à la culture de leurs terres, ou à des occupations plus surprenantes, comme les ναῦται de Syène.

3° *Les fœderati* (φοιδεράτοι). — Les *limitanei* d'Egypte ne sont pas expressément nommés dans les documents de l'époque, parce que la tâche obscure de cette milice ne lui fournit jamais l'occasion de faire beaucoup parler d'elle ; les *fœderati* sont également passés sous silence, mais sans doute pour une autre raison : le petit nombre de leurs bataillons cantonnés dans le diocèse. Il n'est même pas certain qu'il y en ait jamais eu.

Une seule fois il semble qu'il soit question d'eux : dans un chapitre de Jean de Nikious, relatif à la sédition des habitants d' « Aykelàh » ou Metelis (5), en Basse-Egypte. En l'absence de

1. *Cod. Just.*, I, 27, 2, 8 ; — Ed. Anast., c. 8 (στρατιώτας (ἐκ πάντων τῶν ἀριθμῶν)... προσκαρτερεῖν τοῖς φοσσάτοις).

2. P. Münch., p. 10 (Inv., n° 96).

3. *Ibid.*, p. 15 (Inv., n° 102).

4. *Ibid.*, p. 17 (Inv., n° 103).

5. Sur cette identification, cf. plus haut, p. 41, note 6. La conjecture de Zo-

l'augustal Jean, appelé à Byzance pour fournir des explications,
« plusieurs personnes... (ici quelques mots inintelligibles) se réunirent en secret à Aykelâh, à l'insu des habitants, et délibérèrent
avec Euloge, patriarche chalcédonien d'Alexandrie ; Aylas, diacre ;
Ménas, assesseur, et *Ptolémée, préfet des barbares*. Ils désiraient
rétablir le préfet Jean qui, disaient-ils, n'avait point égard au
rang des personnes, haïssait l'injustice et ferait ce qu'ils vou-
draient (1). Cependant, les gens d'Aykelâh commettaient toujours
de nouveaux méfaits. » Avant d'aller plus loin, je dois faire remarquer qu'une correction, à mon gré, s'impose. Aykelâh est le foyer
de la rébellion : pourquoi le patriarche *catholique* d'Alexandrie
et ses compagnons choisissent-ils précisément cette ville in-
surgée, et probablement hérétique, pour y tenir une conférence
secrète qui pourrait tout aussi bien avoir lieu partout ailleurs, et
sans le moindre danger ? Il y a là une absurdité manifeste ; le
pontife chalcédonien ne pouvait guère, en aucun temps, quitter
sans péril sa ville archiépiscopale : mais surtout quand les habitants de cette localité d'Aykelâh, où il est censé s'être rendu,
« commettaient toujours de nouveaux méfaits » contre le prince
qui est son unique appui. Or, nous l'avons vu, la première ligne
de ce passage renferme plusieurs mots incompréhensibles, ce qui
prouve que le début en est altéré. Les multiples traductions par
où a passé l'œuvre de l'évêque de Nikious, avant de nous parvenir en version éthiopienne, l'ont complètement défigurée en cet
endroit. Dans ces conditions, il est peut-être permis de supposer
un texte primitif légèrement différent, en déplaçant un mot et
en écrivant, au lieu de « plusieurs personnes... se réunirent en
secret à Aykelâh, à l'insu des habitants, et délibérèrent avec
Euloge », cette phrase moins étrange : « plusieurs personnes...
d'Aykelâh, à l'insu des habitants, se réunirent en secret et
allèrent délibérer avec Euloge. » Le colloque ne peut guère,
en effet, avoir eu lieu qu'à Alexandrie, qui reconnaissait toujours
l'autorité impériale. C'est de même à Alexandrie que Ptolémée
exercerait sa fonction mal définie de « préfet des Barbares (2) ».

tenberg, Βούκολα (faubourg d'Alexandrie), philologiquement peu probable, est
inacceptable au point de vue historique.

    1. J'ai suivi la traduction donnée par M. Zotenberg dans son Mémoire extrait du
Journal Asiatique (1879), plutôt que celle de l'édition définitive, qui me semble in-
compréhensible. (J. N., c. xcvii, p. 531).

    2. Je propose en passant cette correction, parce qu'elle me paraît plus vraisem-

Cette expression vague de *Barbares* peut désigner deux choses : une troupe d' « alliés » (σύμμαχοι), ou un corps de *fœderati*. La première hypothèse doit être écartée dès l'abord : comme on sait, les σύμμαχοι n'avaient pas de préfet byzantin pour cette raison qu'ils étaient toujours commandés par leurs chefs nationaux (1). Tout s'explique, au contraire, très aisément, si l'on identifie ces « Barbares » avec les fédérés. Ceux-ci, en effet, étaient en principe des barbares, et reconnus pour tels. La garnison de Constantinople en contenait des détachements, sous les ordres d'un ἄρχων φοιδεράτων. Serait-il téméraire de penser que les autres grandes villes de l'empire, Antioche, Alexandrie, en possédaient aussi ? J'inclinerais à voir en Ptolémée un ἄρχων φοιδεράτων, commandant des auxiliaires de la place d'Alexandrie.

Mais, ceci même admis, nous n'avons pas d'autre trace de la présence en Egypte de ces troupes spéciales. Il n'est pas impossible qu'il y en ait eu ailleurs que dans la capitale : rien ne l'indique cependant, et c'est peu vraisemblable. Les *fœderati* sont des corps d'élite, qui jouent un grand rôle dans les guerres de Justinien : tandis que les troupes commises à la garde des provinces, surtout de provinces peu menacées comme la nôtre, étaient de second ordre, destinées principalement à prêter main-forte à l'administration civile.

4° *Les Alliés* (σύμμαχοι). — Les peuplades voisines de l'empire (les Hérules ou les Arabes de Syrie, par exemple) sont, par la politique des basileis, attirées dans l'orbite du monde romain, deviennent ses clients et s'engagent par traité à lui fournir un nombre déterminé de soldats dans les guerres qu'il a à soutenir : tel est le principe de la συμμαχία. Comme le diocèse d'Egypte n'a été le théâtre d'aucune guerre étrangère sérieuse avant celle qui le détruisit (sauf l'invasion perse, sur laquelle nous ne savons presque rien), on comprend qu'il est difficile de rechercher si

blable que le texte traduit par M. Zotenberg ; mais je ne la considère nullement comme certaine, puisque, ignorant l'éthiopien, je ne puis savoir si le texte permet cette manipulation ; je crois seulement pouvoir affirmer qu'une correction est nécessaire. Au reste, ma conclusion, en ce qui concerne Ptolémée, est indépendante de cette conjecture. Il est évident que cet officier, au titre anormal, et qui accompagne Euloge, ne peut avoir existé qu'à Alexandrie.

1. Agathias (*Bonn*), p. 36, l. 14-15 : ἔδει δὲ ἄρχ αὐτοὺς (les Hérules) ὑπ' ἰδίῳ τινὶ τάττεσθαι ἡγεμόνι.

parmi ses voisins, plusieurs étaient entrés dans cette condition de clients. Cela semble toutefois prouvé par quelques allusions de Procope ou de Jean de Nikious.

Sur la frontière de Nubie, les Blemmyes ayant presque disparu de l'histoire (1) dès la première moitié du vi⁰ siècle, les Nobades restaient le seul voisin important de la *Romania*. Procope atteste qu'au moment où il écrivait le premier livre de la Guerre Persique, les empereurs payaient encore à cette nation les subsides que leur avait promis Dioclétien (2) pour qu'ils se tinssent tranquilles eux-mêmes, et défendissent la frontière contre les autres Barbares (ἀποκρούσεσθαι Βλέμυάς τε... καὶ βαρβάρους τοὺς ἄλλους). C'étaient d'excellents soldats, à en juger par l'échec sanglant qu'ils infligèrent plus tard au général arabe, envoyé par 'Amr dans leur pays après la conquête de l'Egypte (3). Il n'est pas étonnant que le gouvernement byzantin ait voulu entretenir avec eux des relations d'amitié. Mais le traité ne dut pas souvent, au vi⁰ siècle, leur imposer d'obligations positives ; puisqu'eux seuls auraient pu menacer gravement le *limes* de Thébaïde (4).

En Libye, l'obscure petite tribu des Μάκαι était liée aux Byzantins par un pacte (5), qui les réduisait à une demi-vassalité. Ils n'ont pas le droit de se rendre en Pentapole ni en terre ennemie sans permission expresse du commandant du *limes*. Ce qu'était au juste ce pacte, nous l'ignorons ; mais il est évident qu'en échange de certains privilèges (droit de commerce par exemple), il leur imposait une alliance militaire contre les Maures. Pour les autres Nomades du désert, dans l'arrière-pays de la Libye et de la Tripolitaine, Μαυρούσιοι, Maziques, on ne peut dire s'il en est parmi eux qui reçurent de manière permanente le titre d' « alliés » de l'Etat byzantin (6) ; mais qu'à l'occasion on ait eu recours à leurs ser-

---

1. La dernière mention certaine est de l'an 580 (J. Eph., IV, 53).

2. Proc., *Bell. Pers.*, I, 19, p. 105 : « (χρυσίον) ὅπερ καὶ ἐς ἐμὲ κομιζόμενοι... ».

3. Cf. Tabarî, *Annales*, t. V, p. 2593, l. 5 sqq.

4 Le Foutouh al-Bahnasâ renferme quelques allusions à l'alliance des Nubiens avec les Grecs (par ex., p. 56) : cf. *Fout. Misr*, p. 27 (où sont nommés les *Bedjas*). Des soldats « nubiens » contribuèrent, d'après Jean de Nikious (p. 533) à soumettre des rebelles en Thébaïde : mais le renseignement est peu sûr, la confusion entre *Nubie* et *Libye* étant fréquente dans la chronique.

5. Edit d'Anastase. c. 11.

6. Excepté cependant pour une tribu de Μαυρούσιοι, habitant en marge de la

vices, ce n'est pas douteux. Nous en avons un exemple au début du vii⁰ siècle, pendant cette singulière expédition de Nicétas en Egypte, dont le récit par Jean de Nikious est une source précieuse et presque unique de renseignements de tout ordre. La Tripolitaine prit part au vaste mouvement de rébellion contre Phocas qui, entre 609 et 610, secoua la moitié de l'empire romain, de Carthage à Antioche en passant par Alexandrie. Une partie des gouverneurs militaires des villes demeura fidèle à l'empereur menacé ; l'autre, avec le duc de la province, se déclara pour les révoltés et recruta des auxiliaires parmi les Barbares de l'intérieur. « Les habitants de la Tripolitaine d'Afrique, écrit l'évêque de Nikious, qui sympathisaient avec Héraclius, firent venir des barbares sanguinaires ; car ils haïssaient Phocas, et ils attaquèrent le général *Mardios*, et ils voulaient le tuer... Lorsque ces Barbares vinrent, ils tournèrent leurs armes contre la province d'Afrique, puis ils *s'enrôlèrent sous les drapeaux d'Héraclius l'aîné* [l'exarque]. Le gouverneur de la Tripolitaine, nommé Kisil, alla rejoindre Nicétas [en Egypte] avec des renforts considérables pour combattre avec lui contre Bonose (1) ». Ainsi, ce duc de Tripolitaine conduit une armée composée de ses propres soldats, les στρατιῶται impériaux, et de σύμμαχοι adjoints à ce noyau. De quelle façon on recrute ces auxiliaires, nous le voyons par une autre allusion : « Héraclius leva l'étendard de la révolte ; il distribua beaucoup d'argent aux barbares de la Tripolitaine et de la Pentapolis, et les détermina à l'aider dans la guerre (2). » Il ne s'agit pas, on le voit, d'engagements individuels, mais d'un appel aux tribus. Un traité fut certainement conclu : le rebelle leur offre des subsides ; en échange, les nomades s'engagent, non pas à attaquer l'Egypte de leur côté, mais à *s'adjoindre à l'armée d'Héraclius*. Ce sont donc bien des σύμμαχοι. La tactique devait être habituelle, et l'on peut croire que dans toutes les opérations militaires du vi⁰ et du vii⁰ siècles, les généraux byzantins surent s'arranger pour combattre la moitié des tribus par l'autre moitié, comme ils avaient, en Afrique, usé les Vandales par les Maures.

Tripolitaine, et qui portaient le nom de Πάκατοι en souvenir d'un ancien traité qui les liait à l'alliance romaine (*Proc. Æd.*, VI, 3, p. 335).

1. J. N., c. cix, p. 551. Sur ce Kisil (Kyrillos ?), voir plus bas, p. 138.

2. J. N., c. cvii, p. 541.

Quant aux tribus de Saracènes qui bordaient le diocèse au nord-est ou qui parcouraient les rives de la Mer Rouge, le silence le plus complet règne sur leurs agissements, sans doute insignifiants. L'existence de σύμμαχοι autour de l'Egypte, et leur présence intermittente dans les armées, est en somme certaine ; mais la paix presque complète qui s'étendit sur le pays jusqu'aux dernières années de la domination byzantine, enlève toute importance à cet élément spécialement réservé au combat.

5° *Les bucellaires* (βουκελλάριοι). — Avec eux, nous sortons des hypothèses et des doutes où nous a entraînés la discussion des paragraphes précédents. Nous avons peu de documents, il est vrai, sur les *doryphores* et les *hypaspistes* qui devaient composer la maison militaire des ducs égyptiens : mais ils en avaient sans nul doute, comme ceux d'Afrique, comme en général tous les officiers supérieurs. Les « gens armés » dont s'entourait Aristomaque, Augustal d'Alexandrie sous Maurice (1), devaient rentrer dans cette catégorie de mercenaires. On pourrait aussi les retrouver dans certains passages du fantaisiste récit de la « conquête d'Oxyrhynchos (2) ». Sous Justinien, un Augustal nommé Jean livre bataille à un compétiteur, τοὺς οἱ ἑπομένους ὁπλίσας, ayant armé ceux qui l'accompagnaient (3) : ce sont de vrais bucellaires. Mais surtout, les papyrus nous renseignent sur la seconde espèce de soldats privés, la plus curieuse, ceux que de simples particuliers, grands propriétaires fonciers (μεγαλοκτήτορες), prenaient à leur service.

Une requête anonyme adressée à un duc de Thébaïde fait la distinction entre les serviteurs armés et les bucellaires proprements dits : « ἀμύνατε..., τοὺς μὲν καλουμένους βουκελλαρίους τῆς χώρας ἐλαύνοντες, τοὺς πρὸς παράνομον ἑαυτοὺς ἐκμισθοῦντας παρὰ τάξιν, καὶ τὸν ἀλλότριον πόνον οἰκεῖον κέρδος νομίζοντας, τὸν δὲ οἰκέτην ἔνοπλον οὐκ ἐῶντες παρῤῥησιάζεσθαι, etc. (4)... » Ces mercenaires privés étaient interdits par la loi, comme le rappelle la supplique (ταῦτα γὰρ καὶ

---

1. J. N., c. xcv, p. 523. Dans un papyrus d'Arsinoé (B. G. U., 836), il est question des bucellaires d'un patrice, qui serait, d'après M. Gelzer (*Studien...*, p. 33), le comte d'Arcadie. Mais le texte, mutilé, ne permet pas de l'affirmer, et cette hypothèse ne me semble pas très vraisemblable (cf. plus bas, p. 75).

2. Par ex., p. 58, etc...

3. Proc., *Hist. secrète*, 29, p. 175.

4. P. byz. Caire, n° 67089, *recto*, l. 12-16.

φόβος κωλύει βασιλικός) : mais l'usage était plus fort que la législation (1). Les propriétaires n'étaient pas seuls à entretenir une garde de cette espèce : rien n'était plus facile en Egypte que de réunir un certain nombre d'aventuriers errants, et d'en former de petites bandes qui pouvaient au besoin tenir tête aux forces régulières. Le seul chapitre XCVII de la chronique de Jean de Nikious, nous fournit trois exemples de ce fait : les trois frères qui organisent la rébellion d'Aykelâh, et qui « réunirent un grand nombre de maraudeurs (? ou d'ἰδιῶται, de civils), des cavaliers armés de sabres et de boucliers » ; le « général » Théodore, de la ville d'Aykelâh, qui offre ses services et sans doute une troupe de soldats à l'Augustal Jean ; enfin le partisan Azarias, qui rassemble « un grand nombre d'esclaves éthiopiens et de brigands », avec l'aide desquels il tient la campagne contre les lieutenants de l'empereur. Le mal était général.

Ce dernier type de bucellaires ressemble parfois à des bandes de brigands, et il serait excessif de le compter comme un des éléments de l'armée byzantine. Mais ils peuvent, en certaines occasions, sortir de leur rôle strictement privé. Ces troupes, qu'un chef quelconque forme en si peu de temps, il peut en louer le service à l'Etat : ainsi firent le capitaine Théodore, que j'ai nommé plus haut, et cet extraordinaire aventurier, Cosmas fils de Samuel, qui faillit donner la victoire au comte d'Orient en 609, contre le lieutenant d'Héraclius (2). Mais ce ne sont là que des expédients passagers. Quelques papyrus permettent de supposer qu'il existait des corps de bucellaires adjoints en permanence à l'armée régulière : quoique ces textes soient peu précis, il est vraisemblable que c'étaient surtout ceux qui faisaient partie de l'οἰκία d'un duc et l'accompagnaient à ce titre dans ses expéditions. Tels sont les bucellaires de B. G. U. 836 (Arsinoé), si vraiment le patrice leur maître est un fonctionnaire public : de ce document, il paraît ressortir, en effet, que lesdits bucellaires avaient droit à l'annone militaire, encore qu'ils aient abusé illégalement de ce droit, en l'exerçant dans un village qui n'était pas de leur ressort (3). On peut comparer à ce cas celui des quelques soldats

1. Autres mentions de βουκελλάριοι dans P. Oxy., I, 150 ; 156 ; — P. Lond., III, p. 269, nº 871 ; — B. G. U., 836 ; — *Wien. Stud.*, p. 125, etc...
2. J. N., c. cvii, p. 544 sqq.
3. Sur une autre interprétation possible de ce papyrus, voir p. 75.

d'Hérakléopolis, qui, dans un papyrus d'Oxyrhynchos (1), sont appelés les « bucellaires d'Hérakléous » et paraissent recevoir une part de l'annone militaire. De même, dans un document de provenance inconnue, un nommé Sambas, ἐλαιουργός, est requis de fournir de l'huile à quelques bucellaires, pour leur annone (2). Comme ce Sambas, dans une pièce analogue (3), reçoit le même ordre à l'égard de στρατιῶται, il faut croire que cette réquisition émane d'un fonctionnaire public, et partant, que les *bucellaires* susdits sont au service de l'Etat (4). L'institution de ces *condottieri*, avantageuse en un sens aux pouvoirs officiels, qu'elle dispensait de chercher et d'instruire les recrues, était, d'autre part, pleine de dangers par l'abus que pouvait en faire le premier venu pour son usage personnel. C'est ce qu'on vit surtout à la fin du VIe siècle, et au VIIe.

Nous venons de passer en revue les différentes espèces de soldats qu'on peut reconnaître dans l'armée égyptienne au grand complet : στρατιῶται ou *comitatenses*, colons *limitanei*, fédérés (?), σύμμαχοι et bucellaires. Il reste à examiner comment s'organisait la masse des recrues et des volontaires. Il ne sera question, dans le chapitre suivant, que de l'armée régulière : nous ne savons rien de spécial sur les fédérés, qui ne se rencontraient peut-être pas en Egypte (5) ; les σύμμαχοι gardaient leur organisation nationale, et les bucellaires, celle que leurs maîtres particuliers avaient entendu leur donner. Seuls, après les στρατιῶται, les *limitanei* doivent retenir un instant l'attention, et un paragraphe spécial, ajouté à la fin du chapitre, leur sera consacré.

1. P. Oxy., I, 150. Voir la citation à l'Appendice, art. Hérakléopolis.

2. B. G. U., 963 (époque byz.) : Θέων Σαμβᾷ ἐλ'αιουργῷ. Τρειάκοντα ξέστας ἐλαίου παρασχοῦ βουκκελλ(αρίοις) ἳ ἀπερχομ(ένοις) ἐν Ἀλεξανδρείᾳ μετὰ τοῦ ἐλ[λογιμωτ(άτου)] Θεοδώρου σχο(λαστικοῦ) etc...

3. *Ibid.*, 968.

4. On trouve déjà dans la *Notitia Dignitatum* (Or., VII, 25) un exemple de *bucellarii* devenus soldats officiels de l'empire. M. Serruys m'en signale un second, très postérieur, sous Nicéphore (*Synax. Ecclesiæ Constantinopolitanæ*, p. 633, 31).

5. D'ailleurs, ils étaient probablement organisés en ἀριθμοί analogues à ceux des στρατιῶται : cf. *Byz. Zeitschrift*, tome XXI, p. 107.

CHAPITRE IV

RÉPARTITION ET ORGANISATION DES FORCES

C'est dans la *Notitia Dignitatum* (vers 425) que nous trouvons pour la dernière fois, systématiquement exposé, le tableau des *légions, cohortes, ailes,* etc., qui constituaient autrefois l'armée romaine. Ces anciennes expressions, qui ne répondaient plus à la réalité des choses, disparurent peu à peu au cours du ve siècle : au vi[e], il n'en reste plus que de très rares vestiges, et purement formels (1). Aussi la description de l'armée d'Egypte, incluse dans la *Notitia*, ne nous sera-t-elle ici d'aucun secours.

Toute troupe byzantine, quelle qu'elle soit, — nous le voyons aussi bien par les sources littéraires que par nos papyrus, — se décompose désormais en ἀριθμοί. Ces ἀριθμοί (2) sont des compagnies plus ou moins nombreuses, dont l'effectif oscille entre 300 et 500 hommes, mais se maintient ordinairement plus près du premier chiffre (3) ; le commandant s'en nomme officiellement *tribun.* C'est la fraction type de l'armée byzantine, la véritable unité de combat, dont les subdivisions n'ont aucune vie indépendante. On la retrouve dans toutes les milices : chez les *fœde-*

1. Cf. le passage déjà cité de Théophylacte Simocattes (II, 6) sur les Κουαρτόπαρθοι (*IV[a] Parthica*). Le *mot* λεγιών se trouve dans P. München (p. 22) ; mais il est synonyme d'ἀριθμός.

2. Le mot a plusieurs synonymes fréquemment usités à sa place : τάγμα (Nov., 148, 2 : Ed., XIII, 1, 7 ; — Cf. Sozomène, *Hist. eccl.,* I, 8 : τά Ῥωμαίων τάγματα, ἃ νῦν ἀριθμοὺς καλοῦσιν) ; — κατάλογος (Nov., 103, 3 ; *Bell. Pers.,* I, 15, p. 76 : καταλόγου ἱππικοῦ ἄρχων) ; — l'équivalent latin est *numerus.*

3. Cette question de l'effectif des ἀριθμοί sera discutée plus loin en détail p. 115 sqq.).

rati (1) et les *limitanei* (2) aussi bien que chez les στρατιῶται. Mais s'ils sont tous construits sur un modèle uniforme, il y a de graves différences dans la manière de les agencer. Une armée provinciale, dans son fractionnement, son commandement, sa hiérarchie, est très dissemblable de celle qui a été organisée spécialement en vue d'une expédition ; et ce serait une erreur que de juger la première d'après les récits et descriptions militaires des historiens contemporains ou des traités de stratégie, qui ne s'appliquent qu'à la seconde.

Les armées byzantines qui figurèrent dans les grandes guerres du vɪᵉ siècle, sous Justinien et ses successeurs, présentent dans leurs dispositions générales beaucoup d'analogie avec les armées modernes. Le στρατός a une vie à part, séparé de tous les autres organes de la vie publique. Il se décompose en μέρη (3), τάγματα,

---

1. Nov., 148, 2 : τὰ τοῖς στρατιωτικοῖς τάγμασιν ἢ φοιδερατικοῖς ἐπιδοθέντα.

2. *Cod. Just.*, I, 27, 2, 8 : « exemplum unius numeri limitaneorum ».

3. Les subdivisions de l'armée « d'empire » nous sont connues par Urbicius et par l'*Anon. Tact.* (XV, 13), qui est à peu près d'accord avec l'Ἑρμηνεία (p. 219-221) anonyme publiée après lui par Kœchly et Rüstow. Ce sont :

Anon. Tact. et Ἑρμ.		Urb.	
		πεμπάδαρχος	5 hommes
		δεκάδαρχος	10
λοχαγός	8, 12 ou 16 hommes	λοχαγός	25
διλοχίτης	32		
τετράρχης	64	πεντηκόνταρχος	50
ταξιάρχης (ou ἑκατόνταρχος)	128	ταξίαρχος	100
συνταγματάρχης	256	συνταγματάρχης	250
πεντακοσιάρχης	512	πεντακοσίαρχος	500
χιλιάρχης	1024	χιλιάρχης	1000
μεράρχης	2048	μεράρχης	2000
φαλαγγάρχης	4096	φαλαγγάρχης	4000
		μυρίαρχος	10000
		τετραφαλαγγάρχης	16000
		στρατηγός, général en chef.	

Le *Strategikon* attribué à Maurice (vɪᵉ siècle ?) donne des chiffres sensiblement différents (100 hommes à l'hecatontarchos, 300 au tribun du τάγμα, 3000 au mérarque). Ces divergences se comprennent facilement, car dans la pratique les effectifs étaient extrêmement variables (voir plus bas, p. 116, n. 1). Les œuvres de Procope peuvent fournir une vérification partielle de ces données théoriques : cf. par exemple le tableau de l'expédition envoyée contre les Vandales (*Bell. Vand.*, I, 11, p. 361-363). On y reconnaît le *stratège* ou général en chef (στρατηγός

etc., rappelant nos régiments et nos compagnies ; chaque unité a ses cadres faits pour elle ; les officiers sont des gens du métier, qui, attachés à tel corps, le suivent dans ses déplacements. L'armée d'Egypte, elle, est une garnison provinciale, elle n'a nullement pour objet de soutenir la politique générale de l'empire, mais son rôle se borne à la défense du territoire où elle est cantonnée : plus précisément encore, à la surveillance et à la police de ce territoire. Aussi, — et c'est la caractéristique de toutes les troupes provinciales, en Afrique, en Italie (1), etc., l'organisation en vigueur est-elle toute différente, simple décalque du mécanisme de l'administration civile. Les cadres de l'armée égyptienne sont des cadres *territoriaux*. Les troupes, une fois établies dans une

αὐτοκράτωρ, Bélisaire) ; un *hypostratège*, faisant fonction de *magister peditum*, Jean ; cinq *mérarques* de l'infanterie, qui se partagent les 10 000 πεζοί. Les tribuns de l'infanterie ne sont pas nommés. Quant à la cavalerie, elle est directement placée sous les ordres de Bélisaire, qui n'a au-dessous de lui que les 13 tribuns, 4 de στρατιῶται et 9 de φοιδεράτοι. Le schéma est le suivant :

Bélisaire, στρατηγός (15 000 h.).

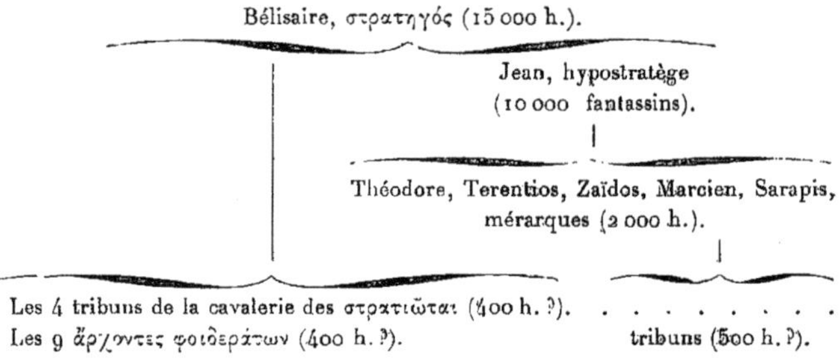

Jean, hypostratège
(10 000 fantassins).

Théodore, Terentios, Zaïdos, Marcien, Sarapis,
mérarques (2 000 h.).

(Les 4 tribuns de la cavalerie des στρατιῶται (400 h. ?). . . . .
(Les 9 ἄρχοντες φοιδεράτων (400 h. ?).   tribuns (500 h. ?).

Tout ceci montre combien ce στρατός diffère de l'armée provinciale, dont l'organisation, comme on le verra plus loin, se réduit presque partout à ce très simple dispositif :

Dux provinciæ

tribuni civitatum.

Ces ducs et tribuns, en outre, sont des indigènes fixés qui ne quittent pas le pays, tandis que dans les *Guerres* de Procope on voit reparaître les mêmes officiers sur les frontières les plus diverses.

1. Pour l'Afrique, cf. *Cod. Just.*, I, 27 ; et Ch. Diehl, *Domin. byz. en Afrique*, p. 119 sqq. En Italie, on trouve comme en Egypte des *tribuni civitatum* (Ch. Diehl, *Études sur l'exarchat de Ravenne*, p. 113) tout à fait analogues aux tribuns égyptiens que nous étudierons plus bas.

localité, ne permutent jamais (1) ; l'officier est un magistrat provincial, qui commande aux soldats en tant que cantonnés dans sa circonscription. Le chef suprême n'est pas *stratège* de tel ou tel corps, mais *duc* de telle ou telle *province* (2) ; le tribun ou stratélate placé sous ses ordres emprunte plus souvent son titre à la ville où il réside, qu'au détachement qu'il a sous ses ordres : il s'appellera, par exemple, le *tribun d'Antaiopolis* (3) ou de toute autre localité. Ces personnages sont des gouverneurs militaires plutôt que des officiers au sens moderne du mot. Si l'on ajoute que les ducs et les tribuns, loin d'être toujours des gens de guerre, cumulaient souvent ces fonctions avec celles d'administrateurs civils, il faudra convenir que ce système ne rappelle guère ni les usages modernes, ni l'antique conception romaine, ni l'ordonnance des armées byzantines d'offensive.

Il ne faut donc pas s'attendre à retrouver en Egypte les stratèges, hypostratèges, mérarques, ni aucun des rouages compliqués énumérés par les auteurs de *Strategica* ou de *Tactica* ; une étude des cadres devra avoir pour base la connaissance préalable de la géographie politique du diocèse.

Il était compris dans le vaste ensemble de territoires qui, de la Mer Noire aux Syrtes, composaient le domaine du *praefectus praetorio Orientis* ; mais ce préfet n'envoyait pas de vicaire pour le représenter à Alexandrie (4). L'unité (politique) du diocèse était donc purement nominale : il n'existait pas, comme pour les possessions d'Afrique ou d'Italie, de fonctionnaire dont la compétence s'étendit à lui tout entier, et à lui seul. Il se subdivisait, depuis Justinien, en cinq provinces ou *duchés* (5) :

1 L'ἀριθμός des Maures est connu à Hermopolis depuis 340 (B. G. U., 21, col. II, l. 19) jusqu'à 538 au moins (P. Lond., 999 (vol. III p. 270) : v. Appendice) ; les *Transtigritani*, présents à Arsinoé en l'an 498 (P. Lond., I, p. 210, n° cxiii, 5 (a)), y étaient encore sous le règne de Justinien (B. G. U., 836), en 531 notamment (B. G. U., 369).

2. Cf. Éd., XIII, *passim*, et Nov. 103, etc...

3. P. byz. Caire, 67040, 2 ; cf. B. G. U., 305, 320, etc... (Arsinoé) ; — J. N., c. cvii, p. 544 : le « commandant militaire de Semnoud (Sebennytos) » ; de Rossi, *Inscr. christ.*, I, 861 (Koprithis', etc... Cf. *Appendice*, art. Athribis, Marcotis, Onouphis.

4. C'est pour cette raison que l'Edit XIII de Justinien est adressé au préfet du prétoire.

5. La langue administrative n'avait pas de mot spécial pour désigner le terri-

1° Le duché d' « Egypte » au sens étroit du mot, comprenant la moitié occidentale du Delta, jusqu'à la bouche du Nil appelée simplement Χάσμα (« l'ouverture ») par Georges de Chypre (1). La capitale était naturellement Alexandrie ;

2° Le duché d'Augustamnique, composé du reste du Delta. L'Edit de Justinien renferme un chapitre, malheureusement tronqué (2), relatif à un gouvernement dont le nom est perdu dans une lacune : ce ne peut être que l'Arcadie ou l'Augustamnique, puisque toutes les autres fractions du diocèse sont décrites dans le reste de l'ouvrage. Comme il est question, à ce sujet, de deux éparchies, Z. von Lingenthal a démontré que ce duché anonyme est celui d'Augustamnique : l'Arcadie, en effet, n'a jamais formé qu'une seule éparchie à toutes les époques de la domination byzantine ;

3° Le duché d'Arcadie. — Le chapitre concernant cette province manque dans l'Edit, sans doute par la faute des copistes négligents. On pourrait supposer, il est vrai, que ce territoire ne fut pas érigé en duché (3). Le duc, en effet, était en principe un chef d'armée avant d'être un gouverneur civil : l'Arcadie, n'étant pas pays frontière, aurait donc pu demeurer soumise à une administration purement civile. En fait, cependant, les papyrus nous font connaître l'existence de divers *numeri* cantonnés dans cette province, notamment à Arsinoé (4), Oxyrhynchos, Memphis, et leur chef ne peut avoir été aucun des ducs voisins, dont Justinien circonscrit très précisément le domaine. Au VIIe siècle, nous rencontrons avec certitude des ducs d'Arcadie : le Théodose « *préfet* d'Arcadie » que Jean de Nikious nous représente comme un des principaux généraux qui résistèrent à l'invasion arabe (5),

---

toire gouverné par un duc. On dit parfois Λιδυκόν ou Θηβαϊκὸν λίμιτον (Ed. XIII, 3, 1 ; P. byz. Caire, 67076, 13) ; la Thébaïde est aussi appelée Θηβαίων χώρα (P. byz. Caire, n°ˢ 67002 (en-tête) et suivants ; P. Oxy. I, 130, 3 ; — Lefebvre, 562 ; 584). Enfin on rencontre des expressions comme Ἀρκάδων ἐπαρχία (B. G. U., 836), Θηβαίων ἐπαρχία (P. byz. Caire, 67005, 2 ; Evagrius, éd. Bidez, p. 15, 29). Cette dernière dénomination est de toutes la plus défectueuse, puisque la Thébaïde formait deux éparchies.

1. Georg. Cyp., 757.

2. Ed. XIII, 4.

3. C'est ainsi que nous la montre encore la *Notitia Dignitatum* : elle est seulement soumise à l'autorité civile d'un praeses (Or. I, 85).

4. Voir ces noms à l'Appendice.

5. J. Nik., c. cxi, p. 554-555.

ne saurait être autre chose qu'un duc. Après le récit de la conquête musulmane, le même chroniqueur nous donne ce renseignement : « Ils (les vainqueurs)... choisirent un... nommé Sînôdâ (Senouthios) comme préfet de la province du Rîf, et un nommé Philoxenos, comme préfet d'Arcadie ou Fayoûm (1). » Or, un papyrus contemporain des événements porte l'adresse suivante :

Φιλοξένῳ δουκὶ τῆς Ἀρκαδίων ἐπαρχίας (2).

Cette rencontre prouve deux choses : la première est que vers 643 il y avait un duc en Arcadie ; et, comme il est invraisemblable que cette fonction ait été créée par les Arabes, elle devait, au VIIe siècle au moins, exister chez les Byzantins. La seconde, c'est que le mot éthiopien que M. Zotenberg traduit par « préfet » peut servir d'équivalent au titre grec δούξ, et, par conséquent, le Théodose dont il était question antérieurement a bien réellement rempli cette fonction (3). Qu'elle ait existé déjà au VIe siècle, c'est ce qui est probable ; sur un papyrus du musée de Berlin, provenant d'Arsinoé, on lit ces mots malheureusement suivis d'une lacune :

Φλ. [Παπν]ουθίῳ τῷ εὐκλεεστάτῳ δουκ[ί.....

La mention d'un duc dans la ville d'Arsinoé ne peut guère se rapporter qu'à un duc d'Arcadie (4) ; il y a des chances pour que ce document appartienne au VIe siècle.

M. Gelzer (5), tout en admettant, lui aussi, que dans le système

1. J. Nik., c. cxx, p. 577. Le « Rîf » doit être ici la Thébaïde.

2. Mittb. Rain., I, p. 5 seq. On trouve dans B. G. U. (750) un autre exemple d'un δούξ τῆς Ἀρκάδων ἐπαρχίας, qui est peut-être d'époque arabe lui aussi ; cf. enfin P. Grenf., II, 100 (683 ; Arsinoé) et *Wien. Stud.*, XXIV, p. 127 (699).

3. Le mot de *préfet* passe dans Jean de Nikious par les sens les plus variés ; il correspond, sans doute, dans l'original grec, au terme d'ἄρχων qui est également vague, ou parfois à celui de στρατηλάτης, qui convient aux ducs et aux tribuns. Dans la Chronique éthiopienne, il désigne tantôt, comme ici, le duc ; tantôt le pagarque (Paul de Sebennytos, c. cvii, p. 544), ou enfin le tribun (Léonce de Maréotis, c. cvii, p. 542, qui commande à des soldats). Ces deux derniers sens sont parfois difficiles à distinguer ; mais en plusieurs cas le tribun est certainement visé (cf. *Appendice*, art. Athribis, Maréotis, Sanhoûr).

4. B. G. U., 323 (« époque byzantine »). On peut aussi restituer [Σεν]ουθίῳ.

5. *Studien*, p. 29.

de Justinien l'Arcadie a dû avoir à sa tête, comme les autres
fractions du diocèse, un magistrat investi à la fois des pouvoirs
civil et militaire, a cru cependant que ce fut non un *duc*, mais
un *comte* d'Arcadie. De ce titre, *comes Arcadiæ*, il apporte deux
exemples. Un papyrus de Londres (1) porte en suscription
Ἀνατολίῳ κόμ(ετι) Ἀρκη[δί]ας. Mais c'est une simple pétition, relative
à une affaire d'ordre civil ; rien n'empêche de voir en cet
Anatolios l'ἐπιχώριος ἄρχων de l'Edit XIII de Justinien, c'est-à-dire
le *praeses* ou gouverneur civil de l'éparchie d'Arcadie, inférieur
en dignité aux ducs. Le *praeses*, en effet, est souvent appelé
κόμης καὶ ἄρχων τῆς δεῖνα ἐπαρχίας (2). Le second exemple est plus
délicat à interpréter. Il est pris dans B. G. U. 836, papyrus
dont nous avons déjà parlé plus haut, à propos des bucellaires.
L'en-tête est ainsi libellé :

...]...[....]ωρῳ Πεττιρίῳ Στρατηγίῳ Ἀταρβίῳ Φ[....]τῳ Φοιβάμμ[ωνι] Μηνᾷ τῷ
λαμπρ(οτάτῳ) κομε(τικῷ ?) βαρῶντι τῆς Ἀρκάδων ἐπαρχίας.

M. Gelzer fait de ce personnage un *baro comitis Arcadiæ*,
chef des bucellaires du comte. Mais si le baron est vraiment un
fonctionnaire privé de l'οἰκία du comte, on ne peut l'appeler « baron
d'Arcadie ». La restitution κομετικῷ est bien étrange ; le mot
βαρῶντι, pour βάρωνι, ne l'est pas moins. Enfin, malgré quelques
analogies lointaines, le *baron* est une apparition singulière dans
la hiérarchie byzantine du vɪe siècle. Je ne peux rien proposer
de certain, n'ayant pas vu l'original. Mais il me semble très
probable que la vraie leçon est κόμε(τι) κ(αὶ) ἄρχοντι ; cette correction n'offre aucune difficulté paléographique sérieuse, et
donne un sens très satisfaisant, puisque le titre ainsi obtenu est
déjà connu comme étant un de ceux du *praeses*.

Le papyrus est donc adressé au comte d'Arcadie lui-même.
Les soldats du *numerus* des Transtigritains recevaient du village
de Kerkê une partie de leur annone. Or, cette année-là, les habitants ont refusé de rien fournir, donnant comme une excuse
qu'une troupe de bucellaires appartenant au patrice [.....]ιτίου a
tout ravagé (restituer κ[αρποὺς ἠφάν]ισαν, l. 9 ?) et a levé l'annone

(1) P. Lond., III, 1073 (p. 251).

(2) P. byz. Caire 67030, A, 1 : ὁ μεγαλο[π]ρε(πέστατος) κόμ(ης) καὶ ἄρ-
χ(ων) τῆς Θηβ(αίων) ἐπαρχεί[α]ς. Mêmes expressions dans un papyrus inédit de
Londres (vɪe siècle), celui dont un extrait est publié à l'Appendice, art. Hermopolis (communication de M. Bell).

pour son compte. Les plaignants prient le comte de mettre fin à cette usurpation.

Qui est ce patrice ? Ce titre, comme le remarque M. Gelzer (*Studien*, p. 32), s'applique en général aux ducs. Mais s'il s'agissait ici du *duc* d'Arcadie, c'est vers lui directement que se seraient tournés les pétitionnaires. C'est peut-être un notable indigène. Les traces [.....]ιτίου suggèrent l'hypothèse [Στρατ]ηγίου : la famille patricienne des Strategii Apiones, originaire d'Oxyrhynchos en Arcadie, est bien connue. Quoi qu'il en soit, les bucellaires n'appartiennent pas au comte. Rien ne prouve donc qu'il ait exercé un commandement militaire ; il est d'ailleurs qualifié de μεγαλοπρεπέστατος (l. 13), titre civil attribué aux *praesides*. La question de savoir si le vice-roi d'Arcadie porta le titre de duc dès le début du vɪᵉ siècle, reste en suspens tant que nous ne possèderons aucun document nouveau. Mais c'est très probable ; la réforme de Justinien en 539 dut gratifier cette province d'un régime pareil à celui de ses voisines.

Le duché d'Arcadie, — conservons, en tout cas, cette expression plus simple, — commençait à la pointe du Delta, et remontait le long du Nil jusqu'à Kynopolis inclusivement. La capitale était Arsinoé

4° La Thébaïde enfin, jusqu'à l'île de Philai, formait le dernier duché proprement égyptien, dont le gouverneur résidait tantôt à Antinoé, tantôt à Ptolémaïs (1).

5° En annexe à l'Egypte véritable, s'étendait au nord-ouest le duché de Libye, de Mareotis à Borion avec Paratonion pour ville principale et centre administratif (2). Enfin, quand la Tripolitaine fut rattachée au diocèse d'Egypte vers la fin du vɪᵉ siècle elle forma un sixième duché dont les frontières allèrent toucher celle de la Byzacène, du diocèse africain.

La division en duchés se superposait à une autre, plus ancienne : la division en *éparchies*, sur laquelle je ne m'étendrai pas, parce qu'elle est sans rapport avec l'organisation militaire. Le diocèse en comptait huit. Celles de Libye (3) et d'Arca-

---

1. Cf. J. Maspero, *Fl. Marianos, duc de Thébaïde* (Bull. Inst. fr. d'arch. or., t. VII, p. 110), pour Antinoé ; pour Ptolémaïs, cf. Hier., 731, 8.

2. Ed. XIII, 2, 1.

3. Justinien fondit en une seule les deux éparchies libyennes (Ed. XIII, 2, 1) ; après lui elles furent de nouveau séparées (Georg. Cypr. 787ᵃ et 788).

die (1) coïncidaient avec les limites des duchés ; au contraire, chacun des autres duchés était morcelé en deux de ces départements, distingués par un numéro d'ordre ou une épithète topographique, et gouvernés chacun par un *praeses* civil ou ἡγεμών.

Enfin, l'éparchie elle-même n'était qu'un ensemble de cantons : les πόλεις ou pagarchies, héritières des anciens nomes déchus de l'usage officiel, et avec lesquels elles confondaient le plus souvent leurs limites (2). Elles étaient au nombre de 84 pour l'ensemble du diocèse, d'après la liste dressée par Hiéroclès dans le Synecdème. C'était toujours, comme le nome autrefois, une ville importante, avec ses villages et ses dépendances : le tout sous l'autorité d'un fonctionnaire civil nommé par l'empereur, le pagarque (3). La πόλις est l'unité administrative fondamentale : au-dessous d'elle, il ne reste plus que des circonscriptions minimes et sans importance, dont nous n'avons pas à nous occuper ici.

La géographie militaire du diocèse n'est que la contre-partie presque partout exacte des subdivisions administratives civiles.

Depuis la fin de l'époque romaine, toutes les milices égyptiennes étaient placées sous les ordres du *magister militum per*

---

1. Cf. les listes d'Hiéroclès et de Georges de Chypre.

2. Le mot πόλις, à cette époque, désigne deux choses : le chef-lieu d'une circonscription administrative (P. byz. Caire, 67067, 4 ; 67082, 3 ; etc...) ; — et cette circonscription elle-même. Un intéressant exemple de ce dernier cas est fourni par de nombreux papyrus du Fayoûm. ainsi B. G. U., 305 (an 556) : Φλ. 'Απίωνι τῷ ἐνδοξοτάτῳ στρατηλάτῃ καὶ παγάρχῳ τῆς 'Αρσινοϊτῶν καὶ Θεοδοσιουπολιτῶν, et plus bas : ἀπὸ τῆς αὐτῆς πόλεως, au singulier ! Sur l'identité de la πόλις et de la pagarchie, je me suis expliqué dans le *Journal des Savants* (mai 1911), en rendant compte des *Studien* de M. Gelzer, qui développe une théorie contraire.

3. J'ai exposé, dans le compte rendu précédemment cité, comment la pagarchie est sortie du nome. Les recherches de M. Bell (*Journ. of Hellenic Studies*, XXVIII, p. 103 seq., et Pap. Lond., IV, *General Introduction*) ont abouti à des résultats identiques. Il y eut cependant des cas, sans doute assez rares, où une κώμη du nome fut exempte de la juridiction du pagarque : Aphrodité par exemple (cf. Pap. Aphr., I). Ce détail est ici sans conséquence, n'ayant pas eu de répercussion importante sur la situation militaire : Aphrodité, κώμη du nome Antaiopolite, exempte de l'autorité du pagarque, ne le fut pas de celle du tribun militaire, à qui elle paya un traitement (P. byz. Caire, 67040). Ce n'est que plus tard que la κώμη autopracte fut tout à fait assimilée à la pagarchie : à l'époque arabe (P. Lond., IV, *Introd.*, p. XIII), ou un peu avant, si on se refuse à croire que les Arabes aient rien innové.

Orientem (1). Le territoire, jadis fort vaste, soumis à cette autorité, s'était peu à peu réduit, jusqu'à ne plus comprendre, au début du règne de Justinien, que la Syrie et l'Egypte (2). L'édit XIIIe de ce prince (539) dépeint le duc et Augustal d'Alexandrie comme ἐπέχοντα τὸν τόπον... καὶ τῶν ἐνδοξοτάτων καὶ ἀνδρειοτάτων στρατηγῶν τῶν πραισεντα<λ>ίων, τῶν τε τῆς Ἐῴας (3), dans les limites du *duché* d'Egypte. L'expression ἐπέχειν τὸν τόπον se dit du lieutenant d'un haut fonctionnaire (4) ; il faut donc conclure que l'Augustal avait sous ses ordres directs des ἀριθμοί prélevés les uns sur les troupes d' « Orient », les autres sur la milice des *præsentales*. Une loi d'Anastase (Cod. Just. XII, 36, 18) nous prouve en effet qu'il existait dans les garnisons « d'Orient » un certain nombre d'ἀριθμοὶ πραισεντα<λ>ίων. Ils devaient être rares ; c'est surtout le *magister militum per Orientem* qui est le supérieur hiérarchique de l'Augustal. Mais en fait, on ne saisit aucune relation entre l'armée d'Egypte et les autres troupes d'Orient. Le *magister militum* ne vient jamais en Egypte, et jamais les contingents coptes ne viennent à lui, car ils ne quittent pas le pays. Une fois peut-être, sous le règne de Tibère, ils furent convoqués pour une expédition en dehors du diocèse (5) : mais le passage de Jean de Nikious, qui seul rapporte le fait, est peu clair, et il semble certain en tous cas que cet appel ne fut suivi d'aucune conséquence pratique. L'autorité de ce commandant en chef semble n'avoir guère trouvé l'occasion de s'exercer. Dans la hiérarchie militaire du diocèse, il ne figure que pour mémoire.

Au premier rang, en réalité, viennent donc les cinq ducs énumérés plus haut, d'Egypte, d'Augustamnique, d'Arcadie, de Thébaïde et de Libye. Nous les avons déjà rencontrés plus haut, comme gouverneurs civils de chacun des duchés : ils en sont aussi les gouverneurs militaires, chefs suprêmes de la force armée

---

1. Not. Dig. Or., I, 6. Plus spécialement, comparer *ibid.*, VII, 39 et B. G. U., 899, l. 1-2, à propos de la *legio* V[a] *Macedonica*.

2. Cf. Ch. Diehl, *Justinien et la civilis. byz. au* VIe *siècle*, p. 226.

3. Ed. XIII, 1, 2.

4. Par exemple, le τοποτηρητής (*vicarius*) du *praeses* de Libye est désigné, dans le même édit (1, 15) par les mots τὸν ἐφέξοντα τὸν τόπον τοῦ λαμπροτάτου ἄρχοντος τῆς Λιβύων ἐπαρχίας. C'est donc à tort, je pense, que M. Gelzer (*Studien*, p. 30) traduit : « il a rang » de *magister militum*.

5. J. N., c. XCV, p. 524. Pour la valeur de cette anecdote, v. plus bas p. 127 seq.

dans les mêmes limites (1). Mais avant de les étudier en détail, une question naturelle se pose : les troupes du diocèse n'ont-elles pas un chef unique et spécial, intermédiaire entre le *magister militum* dont l'autorité dépasse les bornes de l'Egypte, et les ducs dont le commandement ne s'étend qu'à une portion de son territoire ?

Ce chef, en tant que fonctionnaire distinct, nous savons qu'il n'existe pas ; aucun texte ne mentionne un gouverneur militaire du diocèse, pas plus qu'un vicaire civil. Et les expressions mêmes de Justinien, dans l'Edit sur l'Egypte (2), le prouvent assez clairement, puisque l'Augustal, dans son duché, « tient lieu » du *magister militum*. Il n'y a pas d'intermédiaire. Cette phrase prouve par surcroît que le duc et augustal d'Alexandrie n'avait aucune suprématie sur ses collègues ; l'empereur a soin de limiter aussitôt ces pouvoirs de lieutenance : ὅσον ἐπ' αὐτοῖς τοῖς στρατιώταις τοῖς τε ἐν Ἀλεξανδρείᾳ τοῖς τε ἐφ' ἑκατέρας Αἰγύπτου, « en ce qui concerne les troupes d'Alexandrie et celles des deux (éparchies d') Egypte ». Ces deux textes définissent la situation du duc d'Egypte avec toute la précision désirable : il a un titre plus honorifique (3), celui d'*Augustal*, qu'il conserve par tradition ; il est évidemment, par l'importance des régions qu'il administre, le plus considérable en pratique des ducs égyptiens. Mais il n'est nullement leur supérieur hiérarchique. L'armée d'Egypte n'a pas de chef suprême la commandant dans sa totalité : elle est répartie entre cinq ducs égaux entre eux, qui se partagent à la fois le territoire du diocèse et sa garnison, d'après le tableau dressé plus haut. Après les ducs, arrivent enfin les *tribuns* des villes (4), qui, si notre théorie est exacte, doivent correspondre aux pagarques de la hiérarchie civile.

1. Ed. XIII, 1, 2 ; 2, 1 ; 3, 1.
2. Ed. XIII, 1, 2.
3. Encore le duc de Thébaïde fut-il lui aussi décoré du titre d'Augustal, lorsqu'il fut investi de l'autorité civile par la réforme de 539 (Ed. XIII, 3, 1 ; cf. les adresses de P. byz. Caire 67002 et seq. ; Lefebvre, 584).
4. Ed. XIII, 1, 7, et *passim*.

§ 1. — *Les ducs.*

Le duc est, dans l'ensemble de la hiérarchie impériale, un très haut personnage (1). C'est l'empereur qui directement le choisit, ou en tout cas l'investit : παρὰ τῆς βασιλείας προχειριζόμενος (2). Il occupe un rang élevé dans la noblesse de cour : il est *consul* (3) (ὕπατος) ou au moins *consulaire* (ἀπὸ ὑπάτων) (4), *patrice* (5), avec l'épithète honorifique d'ἐνδοξότατος (6) ou même de περίβλεπτος (7) (l'Augustal est toujours περίβλεπτος (8). Ce sont là les titres officiels et attachés à la fonction : mais, en outre, chaque duc pouvait en porter de particuliers, d'usage exclusivement local. Celui de Thébaïde est appelé, à partir de la seconde moitié du vi° siècle, πραίφεκτος Ἰουστινιανῶν (9) : sans doute par allusion à la réorganisation de l'armée d'Egypte par Justinien. Il faut traduire « préfet des soldats justiniens », c'est-à-dire des nombreux corps, Scythes, Numides, ou autres, auxquels ce prince imposa son nom. Dans

1. Sur la théorie des « ducs de seconde classe », voir plus bas, p. 88, note 4.

2. Ed. XIII, 1, 5.

3. P. byz. Caire, 67002, III, 24 ; 67004, 21 ; — 67097, *verso* : (B) 20, (C) 11.

4. P. byz. Caire, 67002, en-tête ; et au début de chacune des requêtes suivantes ; les témoignages de P. Oxy., I, 133, 134, 138, 139 ; VI, 999, montrent que le titre se conservait dans la famille. Dans presque tous ces cas, relatifs à la famille des Fl. Apion, l'expression complète est ἀπὸ ὑπάτων ὀρδιναρίων, ce qui désigne un ancien consul *effectif*. Un Fl. Apion fut consul en 539 : mais ses descendants, au vii° siècle, portent encore le titre, devenu par suite purement honorifique. — En Italie, il est certain que la dignité consulaire appartient de droit au duc (cf. Ch. Diehl, *Etudes sur l'administration byzantine dans l'exarchat de Ravenne*, p. 147).

5. P. Oxy., I, 130 ; P. byz. Caire, 67002, en-tête, etc... ; J. N., c. xcvii, p. 532 (Constantin). Les exemples tendant à prouver que le patriciat était attaché normalement à la dignité ducale, sont réunis dans M. Gelzer, *Studien*, p. 32-33.

6. Ed. XIII, 3, 2 ; P. byz. Caire, 67024, 14, 27, etc...

7. Ed. XIII, 1, 1 ; 2, 1 ; 3, 1 et *passim* ; P. Leid., Z, l. 14 ; Ed. An., en-tête.

8. Ed. XIII, 1, 1 et *passim*.

9. P. München, p. 24 ; c'est peut-être ainsi qu'il faut expliquer la mystérieuse formule πραιφέκτου Ἰουστίνου (pour Ἰουστινιανοῦ ou Ἰουστινιανῶν ?) des papyrus du Caire (67002 et seq.). Sur le titre d'*Augustal* (purement civil), cf. plus haut, p. 79, n. 3.

une inscription de Philai (1), le duc Théodore est intitulé τοῦ πανευφήμου δεκουρίωνος καὶ δουκὸς καὶ αὐγουσταλίου τῆς Θηβαίων χώρας ». Sans proposer d'explication certaine pour ce terme de *décurion* si singulier, je signalerai un passage de Jean de Nikious où il se retrouve, toujours aussi obscur : « Il nomma Artânâ (?) décurion, c'est-à-dire chef de dix ordres (2) ». Mais ce sont là des détails secondaires : les premiers titres cités montrent, au contraire, la haute importance du duc dans la hiérarchie de l'empire.

Dans sa province, il est à la tête de tous les services, sans exception, qui ont trait à l'armée. Il est officier, mais n'appartient à aucun corps, à aucune arme : aussi a-t-il autorité non seulement sur les στρατιῶται proprement dits, mais encore sur tout cet assemblage hétérogène que j'ai décrit plus haut, *limitanei* (3), *fœderati* (4), alliés et bucellaires s'il y a lieu. Il dirige l'administration des corps d'armée, veille à ce que la solde et les fournitures soient régulièrement versées (5). Il fait à travers la province des tournées d'inspection (6), au cours desquelles, sans doute, il visite les garnisons et les forteresses. Il veille au maintien de l'ordre public dans les villes (7) et le fait garantir par ses soldats ; il les

---

1. Lefebvre, n° 584.

2. J. N., c. cxix, p. 571. — L'original grec disait sans doute δέκα τάγματα, et entendait par là « dix *numeri* ». Si le *décurion* de Philai est le même que celui-ci, le duc de Thébaïde serait donc appelé le « chef de dix ἀριθμοί ». En tout cas, il ne faudrait pas prendre cette expression au pied de la lettre, car le duc de Thébaïde, nous le verrons, a certainement commandé à des forces beaucoup plus importantes. Le mot a pu s'écarter fort loin de sa signification étymologique ; de même que la « centurie » est évaluée souvent à 128 hommes (Ἑρμηνεία, p. 220). Cf. le titre de Δέκαρ (= δέκαρχος) donné au duc de Libye dans Théoph. Sim. (VII, 6, p. 280).

3. Nov., 103, c. 3 ; c'est ce qui résulte aussi de l'édit d'Anastase, qui reconnaît au duc de Libye Daniel l'autorité sur les ἀριθμοί et sur les καστρησιανοί (= *limitanei*) ; cf. enfin P. München, p. 23 (*probatoriæ* délivrées par le duc à des *limitanei* nouvellement enrôlés).

4. Nov., 103, c. 3. Le même texte est également significatif pour les alliés et les bucellaires (καὶ εἴ τι κατὰ τὴν χώραν ὁπλιτικόν).

5. Ed. XIII, I, 13.

6. P. byz. Caire, 67009, *verso*, l. 1. Dans sa visite (ἐπιδημία) à Antaiopolis, le duc se comporte ici en juge militaire, puisqu'il reçoit la plainte portée contre le stratélate Florentios. Au cours de ces promenades, il est vraisemblable qu'il s'occupait de tous les détails de sa compétence.

7. Ed. XIII, 1, 2.

emploie aussi à soutenir les agents du fisc (1), lorsque ceux-ci se heurtent au mauvais vouloir des habitants ou de certains grands propriétaires. En cas d'alerte, il tient la campagne et commande personnellement ou par ses lieutenants ; il s'assure le concours des σύμμαχοι (2), et conclut les traités avec l'ennemi. Il surveille continuellement la frontière et la protège contre les pirateries des nomades (3). En un mot, il est à la fois général en chef, administrateur et préfet de police. C'est que son autorité militaire est le complément de ses pouvoirs civils.

Le duc est un fonctionnaire à double aspect ; nous n'avons ici à le considérer que dans son rôle d'officier, mais il ne faut pas oublier que dans ce pays pacifique et peu menacé, c'était là la moindre de ses attributions. Il est avant tout un gouverneur civil, juge et collecteur d'impôts : l'Edit de Justinien parle à peine de ses fonctions guerrières, et quand il le fait, c'est pour les présenter comme de simples auxiliaires des autres (4). Aussi les ducs égyptiens sont-ils rarement des gens de guerre. Il y en eut, certes, parmi eux : tel Narsès (frère d'Aratios), le transfuge persarménien, bien connu dans la suite pour ses services dans les guerres de Perse et d'Italie, et qui débuta dans les honneurs impériaux par le titre de duc de Thébaïde (5). Mais c'est un cas particulier : car il semble que l'empereur l'ait envoyé dans le but précis de chasser de Philai les prêtres blemmyes, et on pouvait prévoir une résistance. Le choix normal était tout autre. Liberios, Augustal d'Alexandrie vers 540, est un ancien sénateur romain (6); Fl. Apion, duc de Thébaïde (7), est un grand propriétaire foncier (γεουχῶν) d'Oxy-

---

1. Ed. xiii., I, 6 ; 7 ; 8.

2. J. N., c. xcvii, p. 533 : des soldats *nubiens* contribuant à pacifier une rébellion en Thébaïde. Plus loin (c. cix, p. 551), on voit le duc de Tripolitaine amener au rebelle Nicétas, en 609, des « renforts considérables » dont les Barbares font en partie les frais. Quant aux traités, la paix signée en 453 par le duc Florus avec les Blemmyes, en est un bon exemple.

3. J. N., c. xcv, p. 524. — P. byz. Caire 67097, *verso* (C), 1-4.

4. Ed. XIII ; 1, 6 ; 7 ; 8 et *passim*.

5. Proc., *Bell. Pers.*, I, 19, p. 106.

6. Proc., *Anecd.*, 27, p. 168. Hephaistos (*ibid.*, 26, p. 164), autre Augustal, est un avocat d'Alexandrie. Mais il est peut-être antérieur à la réforme de 539, qui donna à l'Augustal les pouvoirs du duc.

7. P. Oxy., I, 130 sqq.

rhynchos; Kyros, autre duc de Thébaïde vers 566 (1) porte le
titre civil de ῥεφερενδάριος. De cette foule d'individus qui prési-
dèrent, durant le v1ᵉ ou le v11ᵉ siècle, aux destinées des cinq
duchés égyptiens, la plupart, il est vrai, nous sont inconnus ;
ceux dont les noms sont conservés ne nous ont souvent rien
transmis de plus sur eux-mêmes. Mais, dans le petit nombre de
cas où nous possédons quelques renseignements plus complets, je
ne vois que Narsès qui n'ait certainement pas été un préfet civil,
ayant reçu par occasion une compétence militaire ; peut-être aussi
Callinique, duc de Thébaïde (2), qui porte le titre de *comte des
Domestiques*. Parfois, ce sont des dignitaires de la cour, que le
basileus délègue dans une situation grave : Liberios, par exemple,
et peut-être ce Constantin qui, sous le règne de Maurice, ins-
truisit le procès des révoltés de Metelis (3). Le plus souvent,
— et c'est ce qui explique la rareté parmi eux des officiers de
carrière, — on préfère prendre de notables indigènes, jouissant
déjà, par leur situation privée, d'une grande influence dans leur
pays.

Le Code de Justinien interdit aux hérétiques l'accès des fonctions publiques (4) ; cependant les Coptes, au moins en Haute-
Egypte, professaient une horreur avouée pour la foi de Chalcé-
doine. Ce n'est pas la seule fois qu'on a l'occasion de constater
un écart entre les vœux officiels de l'empereur et la réalité des
choses. Vers 543, le duc de Thébaïde (Hôriôn ?) était si bien monophysite que l'impératrice Théodora, protectrice de cette secte,
s'adressa à lui pour en faciliter la propagation chez les Nobades (5). Nombreux sont les Egyptiens qui, hérétiques ou non,
parvinrent à la dignité ducale : Héphaistos (6), Jean Laxariôn (7)

---

1. P. byz. Caire, 67002, II, 1. Pour la date, cf. la liste des ducs de Thébaïde
que j'ai dressée dans le *Bull. de l'Instit. français d'Arch. orient.*, t. X, p. 143.

2. P. byz. Caire 67005, *verso*, l. 2.

3. J. N., c. xcvii, p. 532.

4. *Cod. Just.*, I, 4, 20 ; I, 5, 12. L'ancienne théorie, reposant sur un passage
d'Isidore de Péluse (*Patrol. gr.*, 78, col. 448), d'après laquelle les Coptes étaient
exclus des magistratures, est entièrement démentie par les faits, au moins à notre
époque.

5. J. Eph., IV, 6.

6. Proc., *Anecd.*, 26, p. 164.

7. *Ibid.*, 29, p. 175 (Αἰγύπτιος γένος).

sous Justinien ; Aristomaque (1), Paul (2) et Pierre (3) sous Maurice, Augustaux d'Alexandrie ; Apion (4) au début du vi^e siècle, Hôriôn (5) sous Justinien, et Jean sous Justin II (?) (6), ducs de Thébaïde ; Papnouthios, duc d'Arcadie (7), etc… Et je ne cite que ceux dont la nationalité est évidente sans discussion. L'administration byzantine tendit de plus en plus à recruter ses plus hauts fonctionnaires provinciaux dans les pays mêmes qu'on confiait à leur garde. En 569, Justin II légalisait cette coutume par un édit fameux qui fit faire de grands progrès aux aristocraties locales en voie de constituer une féodalité (8) : les évêques, les *possessores* ou propriétaires de *latifundia*, les notables de chaque province, furent chargés en quelque sorte de l'élection du gouverneur : ils présentaient un candidat au *basileus*, qui naturellement dut presque toujours ratifier leurs choix. Cette politique put avoir, à certains égards, d'heureux résultats, mais il est clair que l'accès des grands propriétaires terriens à la dignité ducale n'était pas très favorable à la sécurité militaire du pays.

Nous ne savons pas combien de temps est resté en place aucun des ducs de nous connus. Ce qui est certain, c'est que cette magistrature n'avait pas de durée fixe. Celui qu'avait une fois nommé l'empereur ne descendait plus de son rang que sur un nouvel ordre « sacré », ou pour prendre possession d'une nouvelle charge (9). Sur les traitements des ducs, nous sommes mieux renseignés. Justinien les augmenta, dans l'espoir de modé-

---

1. J. N., c. xcv, p. 5a3.

2. J. N., c. xcvii, p. 53o.

3. Théoph. Simoc., p. 342 (Bonn) : ce Pierre est un parent de l'historien Théophylacte Simocattes, qui lui-même était Egyptien de naissance.

4. P. Oxy., I, 13o.

5. Ce nom, comme celui d'Apion, est à lui seul significatif ; Ed. XIII, 3, a.

6. Jean « fils de Sarapammôn » : cf. ma note dans *Byzant. Zeitschr.*, XIX, p. 6. Mais je ne crois plus qu'il soit identique au Jean de l'Edit XIII : voir *Bull. de l'Inst. franç. du Caire* X, p. 143.

7. B. G. U., 3a3.

8. Nov. 149.

9. On pouvait occuper ces fonctions à plusieurs reprises différentes dans une même province : ainsi le duc de Thébaïde Athanase, sous Justinien (P. byz. Caire, 67002, III, 9 : ἐπὶ τῆς πρώτης ὑμῶν εὐαρχείας) ; de même Jean, Augustal sous Maurice (J. N., c. xcvii, p. 531), destitué et restauré.

rer par là leurs exactions. Le duc et Augustal d'Egypte recevait annuellement 40 livres d'or (2.880 *solidi*) (1), le duc de Libye 1435 *solidi* (νομίσματα) (2) ; les passages relatifs aux autres provinces sont perdus (3). Ces sommes sont considérables : mais il faut se souvenir que le duc remplissait de multiples fonctions, et que cette indemnité servait à récompenser des services très divers, en outre de son zèle pour l'armée.

Il était, en toute occasion, entouré de sa *maison* personnelle (οἰκία), garde d'honneur en temps de paix, troupe d'élite en cas de guerre. Aucun texte ne mentionne expressément cette οἰκία (dont les principaux éléments étaient les *doryphores* et les *hypaspistes*, lanciers et porteurs de boucliers) : mais la comparaison avec ce qui a lieu dans d'autres parties de l'empire (4) en rend l'existence évidente. J'ai d'ailleurs cité plus haut (5) les allusions qui peuvent se rapporter à ces gens dans les documents contemporains. Plus importants sont les bureaux du duc (τάξις, *officium*) qui expédient sous sa direction la besogne administrative. La description de cet *officium* ne se trouve nulle part. Pour en avoir une idée, nous sommes réduits soit aux données éparses fournies par les papyrus, soit à certains documents, officiels, il est vrai, mais dont la valeur, très réelle, est d'ordre un peu spécial. Par exemple, l'énumération de la *Notitia Dignitatum* (vers 425) :

« Officium autem viri spectabilis ducis Thebaidos habet ita :

Principem de scola agentum in rebus.

Numerarios et adjutores eorum.

Adjutorem.

Commentariensem.

A libellis sive subscribendarium.

1. Ed. XIII, I, 5.

2. *Ibid.*, II, 1.

3. On remarquera que le traitement alloué à l'Augustal est presque exactement le double de celui du duc libyen. Or Justinien (Ed. XIII, 1, 4) insiste longuement sur ce fait que l'Augustal d'Alexandrie tient la place de deux magistrats d'autrefois, l'ancien duc et l'Augustal. Il porte les deux titres ; son *officium* se compose de δουκικοί et d'αὐγουσταλιανοί. Le traitement d'un simple duc devait donc être la moitié de celui-là, et ainsi nous sommes conduits à supposer que le traitement normal d'un duc était, partout en Egypte, de 1440 *solidi* environ.

4. Par exemple en Afrique : cf. Diehl, *op. cit.*, p. 123.

5. V. p. 66 sqq. C'est parmi eux qu'on peut ranger le *spatharius*, porte-glaive, et le *buccinator* ou clairon du duc de Libye (éd. Anast., c. 14).

Exceptores et ceteros officiales (1). »

Au ve siècle, le duc de Thébaïde n'était encore qu'un gouverneur militaire ; cette liste succincte représente donc le *minimum*, ce qui est nécessaire à l'administration des troupes. Mais la date de ce document lui enlève ici une partie de son intérêt. L'Edit d'Anastase sur la Libye, plus récent, complète sur quelques points ce tableau. Toutefois, sous Justinien, en 539, le duc ayant reçu par surcroît l'autorité civile, son *officium* suivit la même destinée, sans se dédoubler pour cela en partie civile et partie militaire (2). Chaque bureau (*scrinium*) de cet *officium* eut donc à traiter les questions de son ressort, à la fois dans ces deux domaines d'administration (3). Il n'est donc plus possible, à notre époque, de distinguer des rouages spéciaux à l'administration de l'armée : l'ensemble ainsi formé n'a plus rien de proprement militaire.

Les sources indigènes montrent, — ce qui est bien naturel — que la τάξις d'un duc égyptien était sensiblement pareille à celles de ses collègues d'autres provinces, à celles des ducs africains, par exemple, qui nous sont mieux connues (4). On y retrouve en effet (5) :

1° Les bureaux des *numerarii*, préposés aux questions d'administration financière, surtout à la rentrée des impôts (Not. Dig., *loc. cit.* ; P. byz. Caire 67057, II, 15 : νουμεράριος τῆς δουκικῆς τάξεως, avec ses *adjutores* ou βοηθοί ; — Ed. An., c. 5 et 14).

2° Les bureaux du *primiscrinius*, qui apparaît dans l'Edit

1. *Not. Dig.*, Or., XXXI. 68-74.

2. Ed. XIII, 1, 4.

3. L'Edit de Justinien (1, 4) insiste sur cette fusion d'une manière qui lève tous les doutes. Il n'y a pas un *officium ducianum* (militaire) et un *officium augustalianum* (civil) : ἀλλ' ὥστε μίαν γενέσθαι τάξιν καὶ κατάλογον ἕνα. Les employés de ce bureau conservent bien leurs noms de δουκικοί et αὐγουσταλιανοί, mais ils sont mêlés, au moins les 100 premiers, alternativement, avec l'unique souci d'équilibrer les préséances. Jusqu'en 539, les dépenses militaires étaient l'affaire d'un *scrinium* spécial, dépendant du préfet du prétoire, et dont le chef portait le titre populaire de στρατιωτός (Ed. XIII, 1, 13). Justinien ordonne la suppression de ce fonctionnaire, et évidemment aussi du *scrinium* spécial, puisqu'il ajoute que ses attributions reviendront à la τάξις de l'Augustal en général.

4. *Cod. Just.*, I, 27. Cf. Diehl, *Domin. byz.*, p. 130.

5. Je ne parle pas ici de l'*assessor* (συγκάθεδρος : édit. Anast., c. 14) ni du *cancellarius* (*ibid.*, 14 ; Lefebvre, 562, 7 ; B. G. U., 669, 2 ; P. byz. Caire, 67005, 19 ; 67057, II, 17, etc...), qui ne font pas à proprement parler partie des bureaux, et qui sont tout à fait étrangers aux questions militaires.

d'Anastase (c. 5 et 14), où, avec le *numerarius*, il s'occupe de l'expédition des προβατορίαι nécessaires à l'enrôlement des nouveaux soldats (1). Son rôle était d'assurer l'exécution des ordres ducaux.

3º Celui du *commentariensis*, qui avait la haute main sur la justice criminelle (Not. Dig., *loc. cit.* ; Ed. XIII, 1, 15 ; P. byz. Caire 67054, 1, 3 ; 67090, 1).

[4º Le *scrinium* de l'*ab actis*, dont les employés rédigent les actes publics et conservent les pièces d'archives. Aucun texte byzantin d'Egypte, à ma connaissance, n'y fait allusion. Mais son existence ne saurait être révoquée en doute (De là doivent sortir les P. byz. Caire 67030, 67031)].

5º Le *scrinium* de l'*a libellis*, où aboutissent les requêtes et les plaintes en justice (Not. Dig., *loc. cit.* ; — Ed. An., c. 14 (σο[υβσκριβ]ενδάριος) ; cf. les requêtes des papyrus du Caire, dont une (67009) contre un officier).

[6º Le *scrinium operum*, également ignoré de nos documents. Mais les travaux de fortification exécutés à Philai (2), par exemple, sont la preuve non douteuse de son activité].

7º Un *scrinium arcæ* (?), centralisant les recettes et ordonnançant les dépenses du duché. Un ἀννωνιακὸς σκρ(ινιάριος?) et un χρυσικὸς σκρ(ινιάριος) sont inscrits dans la liste de P. byz. Caire 67057, II, 11 et 13.

Ajoutons que le duc avait à ses côtés, pour tenir le rôle de commandant en second, un *domesticus* que mentionne l'Edit d'Anastase (c. 14).

Et quant aux *ceteri officiales*, aux auxiliaires des *scholae*, nous en connaissons quelques-uns, qui achèvent de démontrer l'analogie parfaite des τάξεις égyptiennes et des autres : un ἐξκέπτωρ (greffier) du duc de Thébaïde (3), des apocrisiaires (*ad responsum*) (4), des courriers (σύμμαχοι, ταχυδρόμοι) (5), des σιγγου-

---

1. Cf. plus haut, p. 53 sqq.
2. Cf. plus haut, p. 26.
3. P. Hamb., 23 (an 569), l. 4.
4. Ed. XIII, 1, 3.
5. Les σύμμαχοι (en ce sens) apparaissent fréquemment dans les papyrus (B. G. U., 305, l. 6 etc...) sans qu'on spécifie jamais à qui ils appartiennent. Des ταχυδρόμοι (du bureau civil, il est vrai, du *præses*) sont connus par P. byz. Caire, 67131 (recto).

λάριοι (1), émissaires subalternes des hauts magistrats, etc....
Pour les raisons indiquées plus haut, il est à la fois impossible
et inutile d'entreprendre une description plus détaillée de ces
services, qui, d'ailleurs, ne revêtent pas en Egypte une forme
particulière : les *officiales*, même quand ils s'occupent des choses
de l'armée, ne font pas partie à proprement parler de l'administration militaire.

§ 2. — *Les tribuns ou stratélates.*

Au-dessous du duc, qui dirige l'ensemble, l'édit de Justinien
nous apprend que les troupes sont commandées par des *tribuns* :
τῶν στρατιωτῶν τῶν ὑπ' αὐτὸν (le duc et Augustal d'Alexandrie) τεταγ-
μένων καὶ τῶν λαμπροτάτων τριβούνων (2). Ce que sont ces officiers,
nous le voyons par un autre passage de la même loi : τῶν ἀνδρειοτάτων ταγμάτων τῶν ἐν τοῖς τόποις ὄντων σὺν τοῖς αὐτῶν τριβούνοις (3). Il
ressort de ces textes que le subordonné immédiat du duc est le
tribun (4) ; et ce dernier mot est pris dans le sens qu'il a dans
toutes les armées byzantines, celui de chef d'un ἀριθμός ou τάγμα.
Il est aussi le commandant d'un poste, appelé ici τόπος, que nous
déterminerons plus loin.

Effectivement, nous connaissons, par les papyrus et les inscriptions, des τριβοῦνοι dont la définition correspond exactement à

1. Lefebvre, n° 584, l. 8 ; — P. byz. Caire, 67054, I, 8 et 12 (bureau du
præses). L'ancien sens de *gardes de corps* paraît en vérité peu usité au vɪᵉ siècle.
Jean Lydus (p. 92) les définit des messagers à cheval.

2. Ed. XIII, 1, 6.

3. *Ibid.*, 1, 7.

4. M. Gelzer (*Arch.*, V, p. 356 ; cf. *Studien*, p. 30) parle de « ducs de seconde
classe », qui commanderaient à des détachements ou seraient gouverneurs militaires d'une cité : en réalité, ce sont des tribuns. On ne peut citer qu'un cas où le
mot *duc* soit appliqué à un autre personnage qu'un gouverneur de duché (H. Gelzer,
Leontios von Neapolis, Leben des heiligen Johannes, p. 62, 16 : δοῦκά τινα τῶν
μεγιστάνων, à Alexandrie) ; c'est une simple impropriété d'expression. En langage
administratif, le terme de δούξ est réservé au gouverneur d'une province comme
la Thébaïde et les quatre autres *duchés* énumérés plus haut. Hors d'Egypte (dans
Procope et même dans le Code de Justinien), un *duc* secondaire est parfois cité :
mais c'est toujours, en fait, un tribun.

celle qu'en donne Justinien : à Antaiopolis (1), par exemple, se montre un tribun qualifié de καθωσιωμένος, épithète caractéristique des fonctionnaires militaires (2) ; un autre nous est signalé à Koprithis (3), en Basse-Egypte, un troisième à Oxyrhynchos (4). Dans la chronique de Jean de Nikious, les gouverneurs militaires d'Athribis et de *Manouf* (Onouphis) sont intitulés *apellôn*, terme qui n'est vraisemblablement qu'une transcription corrompue du grec τριβοῦνος (5). Toutefois, dans les papyrus, les commandants des garnisons répandues dans les provinces portent plus souvent le titre de *stratélates* : nous rencontrons ainsi des στρατηλάται à Arsinoé (6), à Memphis (7), à Apollônopolis magna (8), à Panopolis (9). Leur identité avec les tribuns est évidente, puisqu'on les voit à la tête tantôt d'un ἀριθμός (P. byz. Caire 67009, *recto*, 21 : στρ. τῶν Σκυθῶν = le τριβοῦνος τάγματος de l'Edit XIII), tantôt d'une garnison urbaine (B. G. U. 305 : στρ. τῆς Ἀρσινοΐτῶν καὶ Θεοδοσιουπολιτῶν πόλεως = le τριβοῦνος Ἀνταίου) (10).

A quelle étendue de territoire commandent ces tribuns, ou, en d'autres termes, quelles sont les circonscriptions militaires du

---

1. P. byz. Caire, 67040, 2 ; 67054, II, 1 : τριβοῦνος Ἀνταίου.

2. Une autre preuve de ce sens militaire attaché au mot tribun se trouve dans P. byz. Caire, 67057 : on y voit (col. I, l. 6) des στρατιῶται Βισίλεκτ(οι), et plus bas leur *tribun* (col. II, l. 7).

3. De Rossi, *Inscr. christ.*, I, 861 : τριβοῦνος Κοπρίθ(εως).

4. P. S. I. 47, l. 6.

5. J. N., c. cvii, p. 542-543. Cf. J. Maspero, *Le titre d'Apellôn* (Rev. de philol , 1911, p. 15-17). Un troisième *apellôn*, celui d'Alexandrie, sera étudié plus bas, p. 96 (n. 9). Sur Onouphis, cf. *Appendice*.

6. B. G. U., 3 (605) ; 305 (556) ; 320 ; 725 (615) ; P. Lond., I, cxiii, 5 (c), p. 212 ; cxiii, 6 (c), p. 215 ; Führer, 474 (viie siècle), etc...

7. B. G. U., 255 (599).

8. P. Grenf., I, 63 ; II, 89 ; Lefebvre, 559.

9. Lefebvre, 276.

10. Si l'on pouvait douter du rôle militaire de ces stratélates de ville, on en trouverait une confirmation inattendue dans l'histoire d'Arsinoé à l'époque arabe. Dans l'administration civile, les Arabes n'ont introduit aucun changement grave durant le premier siècle de la conquête. Au contraire, comme le prouvent les papyrus de Londres (tome IV), rien ne subsista de l'ancienne organisation militaire. Les garnisons des πόλεις disparurent. Or, précisément, le double titre de « stratélate et pagarque d'Arsinoé », constant aux vie et viie siècles, ne se trouve plus sur les papyrus qui datent certainement de l'époque suivante : le préfet du canton n'est plus qu'un simple pagarque (B. G. U., 304 ; 366 ; 396).

diocèse d'Egypte ? Nous ne pouvons, pour répondre à cette question, que procéder empiriquement, en dressant la liste des garnisons qui nous sont connues par les papyrus ou toute autre
espèce de document. Cette liste a été dressée à l'*Appendice*, et
donne en résumé les résultats suivants :

55 localités peuvent être énumérées, où nous est signalée la présence de quelques troupes. Là-dessus on compte :

35 πόλεις de la liste d'Hiéroclès ;

14 κάστρα du *limes* ou forts d'Alexandrie ;

6 places enfin qui ne paraissent rentrer dans aucune des deux
catégories précédentes : Baullos, Aphrodité, Mounptoou, Koma,
Damiette et Koprithis.

Ainsi, à part ces six derniers cas, l'ensemble de nos renseignements nous amène à cette constatation :

1° Les κάστρα de la frontière ou d'ailleurs, comme c'était évident
a priori, ont bien leurs garnisons (composées surtout de *limitanei*) : c'est une organisation spéciale que nous étudierons plus
loin ;

2° A l'intérieur du diocèse, les πόλεις presque seules peuvent
servir de quartiers à des ἀριθμοί (de στρατιῶται proprement dits).
Que sont, en effet, les six exceptions que nous avons laissées
de côté ? Baullos (1) n'est pas un bourg : c'est un monastère, qui
sans doute a demandé à être protégé, et qui a reçu quelques « Scythes Justiniens ». Comme on voit « l'église d'Apollônopolis »
(magna) payer pour leur annone, c'est donc de cette πόλις que venait
en fait le détachement, c'est là qu'était ce que nous appellerions
aujourd'hui la « portion centrale » de l'ἀριθμός. Nous savons, en
effet, qu'il existait un corps de Scythes à Apollônopolis (2).
Aphrodité n'a pas davantage un *numerus* particulier : ses
quelques soldats, si elle en a, lui viennent d'Antaiou. De même
les « bucellaires » de Koma paraissent recevoir leur annone
d'Héracléopolis, et le texte (P. byz. Caire 67022) qui cite les
στρατιῶται de Mounptoou semble aussi les présenter comme un
simple détachement prélevé sur la garnison d'une πόλις voisine
(Antinoé ?).

Il ne reste donc que Damiette et Koprithis (près de Metelis) qui
constituent d'apparentes exceptions : à Damiette, l'évêque de

1. Pour ce cas et les suivants, voir les références à l'Appendice.
2. Lefebvre, 559.

Nikious paraît indiquer la présence d'une garnison sérieuse, et pourtant Ταμιάθις, inconnue à Hiéroclès, n'était pas une πόλις, au moins dans la première moitié du vie siècle. Remarquons que le fait se passe lors de l'invasion arabe, et, par suite, est peut-être anormal et temporaire. Mais, en admettant même que Damiette ait été ordinairement le siège d'un détachement, ne pourrait-on voir là un cas plus complet, mais analogue aux quatre précédents? Nous avons observé (p. 19) que les *castella*, quoique construits surtout aux frontières, se rencontraient parfois à l'intérieur d'une province (ainsi *Castra Memnonia*). Certains points importants peuvent avoir été fortifiés, et munis d'une petite garnison dépendant du commandant de la πόλις voisine. Tel serait également le cas de Κοπρίθεως κώμη (Georg. Cyp. 715) : ces deux cas isolés ne me paraissent pas suffisants pour infirmer la masse des documents contradictoires. Le seul examen de la liste dressée à l'Appendice, nous incline déjà à supposer que les πόλεις seules ont droit à une garnison indépendante, ou plus exactement, que la πόλις (en prenant le mot cette fois dans son sens de *canton* ou *pagarchie*), en même temps qu'une circonscription civile, est une circonscription militaire.

Cette impression se confirme si l'on aborde maintenant le problème en sens inverse : chaque πόλις était-elle, de droit, le siège d'une garnison? Une pareille assertion pourrait paraître au premier abord assez téméraire, puisque l'organisation particulière de la grande majorité des villes égyptiennes nous demeure encore inconnue. Cependant, nous voyons que sous Anastase, l'éparchie de Pentapole est gardée par cinq ἀριθμοί cantonnés dans les villes (1) : ce nombre rappelle aussitôt les cinq πόλεις auxquelles la province doit son nom. Il est clair que la géographie militaire n'était ici qu'un décalque exact de la géographie civile. Ailleurs, quoique de façon moins nette, nous constatons des traces d'une organisation semblable. De nombreux papyrus d'Arsinoé emploient la formule suivante : Φλαυίῳ Ἀπίωνι [ou tel autre]) τῷ ἐνδοξοτάτῳ στρατηλάτη καὶ παγάρχῳ τῆς Ἀρσινοϊτῶν καὶ Θεοδοσιουπολιτῶν (2). Les deux titres de « stratélate » et de « pagarque », que porte le même personnage, se font pendant

---

1. Ed. d'Anast., c. 5 : παρὰ τῶν στρατιωτῶν τῶν πέντε ἀριθμῶν.
2. B. G. U., 305 (an 556).

l'un à l'autre. Même opposition, plus significative encore, dans
Jean de Nikious : « Les habitants de Nikious,... et toutes les villes
d'Egypte firent cause commune avec les insurgés, à l'exception
de Paul, préfet [= *pagarque*] de la ville de Semnoud, qui avait
été investi par Phocas et qui était aimé de tous les habitants de
la ville, tandis qu'on avait nommé le commandant militaire
Liwnâkis (?), parce qu'il était méchant et brutal et « une tête de
chien (1) ». Le canton de Sebennytos avait donc deux gouverneurs, un civil et un militaire; et l'auteur en parle incidemment
comme d'un fait normal. Autre exemple dans les Actes de
saint Anoup de Naîsi : « ils trouvèrent (devant Athribis) Cyprien
le gouverneur et Evhius (?) le stratélate, qui jugeaient les chrétiens ». C'est, s'il ne s'agit du gouverneur de province, un ana-
chronisme, qui a pour l'époque byzantine une certaine valeur (cité
par Amélineau, *Géogr.* art. *Athribis*). Enfin, nous trouvons des
soldats en des villes que l'époque romaine avait laissées dégar-
nies, en des points dépourvus de valeur stratégique. Une pareille
répartition des troupes ne s'explique que par la volonté d'en
placer partout. Elles servaient, en effet, au maintien de l'ordre
et à la perception de l'impôt en cas de résistance des habitants (2),
plus encore qu'à la défense du territoire : d'où nécessité d'en
munir chaque centre administratif. *Dans le système établi par
l'édit de Justinien, tout fonctionnaire civil est nécessairement
doublé d'un chef militaire qui lui prête main-forte.*

Nous retrouvons ainsi, du haut en bas de la hiérarchie, ce pa-
rallélisme qui est comme la marque de l'administration byzantine à ses débuts. De même que les ducs, dans leur rôle de juges
et d'administrateurs, sont tous directement subordonnés au préfet
du prétoire, de même, dans leurs attributions de chefs d'armée,
ils sont tous directement soumis au *magister militum*. Le diocèse
n'est pas centralisé ; il n'y a pas de préfet civil à la tête de l'or-
ganisme entier : il n'y a pas de général en chef des armées égyptiennes. Le pays se divise en cinq départements civils : les mêmes
servent à la répartition des forces militaires. Enfin, au-dessous des

---

1. J. N., p. 544. *Liwnâkis* est sans doute Κυνώπης : le *kof* initial, non barré, se
confond avec un *lam* ; entre *k* et *f*, il n'y a que la différence d'un point diacritique.

2. Ed. XIII, 1, 6-7-8. Cf. P. byz. Caire, 67002, II, 23 (μετὰ πολλῆς ληστρικῆς
τε καὶ παγανικῆς καὶ [στ]ρατι[ωτ]ικῆς βοηθείας) ; — 67021, *verso*, 8 : μετὰ
στρατιωτ(ικῆς) καὶ π[αγανι]κῆς βοη,θ(είας).

ducs, chaque canton ou πόλις de chaque éparchie est géré par un pagarque ; à côté de ces pagarques, et dans les mêmes postes, un nombre égal de tribuns commandent les petits corps de troupes affectés à la garnison de chaque canton. Un seul grade administratif est resté sans correspondant dans la carrière militaire : celui de *praeses*. L'éparchie n'existe pas pour la géographie militaire, qui saute directement du duché à la πόλις. Cette exception unique et peu importante ne suffit pas à dissimuler une analogie évidente et voulue.

Ce principe général, la πόλις équivalant au district militaire, souffre quelques exceptions apparentes, les unes permanentes, les autres temporaires, qui ne l'infirment en aucune façon. Ainsi les villes d'Arsinoé et de Théodosiopolis, dans le Fayoûm, ont le même stratélate, pour la même raison qui fait qu'elles ont la plupart du temps un pagarque commun ; elles ne sont en réalité, à elles deux, qu'une seule πόλις (1). Cet accouplement de deux cités ne fut pas unique : Jean de Nikious nous en a conservé un exemple frappant, quoique éphémère probablement, dans la personne de Théophile de Thmouis, « commandant » de cinq villes dont un *castrum* (2). D'ailleurs, la géographie politique de l'Egypte, depuis comme avant la disparition officielle des nomes, fut constamment en voie de modification : en même temps que des κῶμαι, par le privilège d'*autopragie*, se séparaient de la pagarchie et se préparaient à devenir elles-mêmes des πόλεις (3), ailleurs, des cantons voisins se fondaient en un seul : à l'époque arabe au moins, au début du viiie siècle, Apollônopolis parva (Heptakômias) et Antaiou avaient suivi l'exemple d'Arsinoé et Théodosiopolis (4). C'est là un fait qu'il ne faut pas

1. B. G. U., 3o5 (556) : Φλ. Ἀπίωνι τῷ ἐνδοξοτάτῳ στρατηλάτῃ καὶ παγάρχῳ « τῆς » Ἀρσινοϊτῶν καὶ Θεοδοσιουπολιτῶν ; autres exemples à l'Appendice. Il put y avoir cependant des périodes pendant lesquelles elles furent disjointes, puisque Hiéroclès les énumère séparément (729, 5 et 6) ; d'autre part le « nome Théodosiopolite » est quelquefois cité seul dans les papyrus (B. G. U., 311, 32o): mais le fait est sans importance, puisque le nome à cette époque n'avait plus d'existence officielle.

2. Cf. Appendice, art. Sanhoûr.

3. J'ai déjà indiqué (*Bull. de l'Inst. français d'arch. du Caire*, VI, p. 12o) ce processus, que les papyrus arabes d'Aphrodité ont confirmé : la κώμη d'Aphrodité y est, en effet, assimilée pratiquement à une pagarchie (P. Lond., IV, *General Introduction*, p. XIII).

4. P. Lond., IV, 146o, *passim* (παγαρχία Ἀνταίου καὶ Ἀπόλλωνος).

perdre de vue quand on cherche à évaluer la force numérique de l'armée d'Egypte (1).

Le tribun, comme son titre complet l'indique, τριβοῦνος τῆς [δεῖνα] πόλεως (2), réside d'ordinaire au chef-lieu de la pagarchie. C'est là aussi que ses soldats ont leur quartier (*mansiones*) (3) principal, situé peut-être en dehors de l'enceinte, ou dans un *castellum*, un donjon du rempart (4). Aussi sont-ils dits καθιδρυμένοι ἐν τῇ [δεῖνα] πόλει (5), comme leur chef. Toutefois, de petits détachements peuvent en être distraits, de façon permanente ou provisoire, pour occuper un point de valeur stratégique, ou quelque hameau de la campagne (principalement des couvents, comme au Sinaï) particulièrement menacé. Dans le nome d'Apollônopolis magna, quelques hommes de la garnison sont détachés au monastère de Baullos (6). D'Antinoé, à ce qu'il semble, sont venus les soldats qui occupent le village de Μουνπτόου (7). Le cas était prévu, d'ailleurs, par le Code de Justinien : « ἡ διάταξις κελεύει, ἵνα, ἐὰν στρατιῶται ὑφεστῶτες μὴ ὦσιν ἐν ταῖς οἰκείαις ἀγγαρείαις, ἀλλὰ ἢ εἰς βοήθειαν ἠφορίσθησαν προσώποις τισίν, ἢ etc... (8). »

Dans les limites de son territoire, le tribun était comme un diminutif du duc. En temps de guerre, il était le chef naturel des milices (9) ; pendant la paix, outre l'instruction des troupes, il avait à s'occuper de leur administration, de la justice à rendre dans les procès où étaient mêlés des soldats (10) ; il prêtait surtout

---

1. Les κῶμαι αὐτόπρακτοι soulèvent encore un autre problème. Aphrodité, tout en étant affranchie du pagarque, reste sous la dépendance du tribun d'Antaiou, son ancienne métropole (v. *Appendice*, art. Aphrodité). Nous ignorons si c'est l'effet d'une règle générale, mais c'est probable.

2. Par exemple, P. byz. Caire, 67040, 2 ; 67054, II, 1 : τριβοῦνος « Ἀνταίου ».

3. *Cod. Just.*, XII, 36, 11.

4. Cf. le « château-fort » de Panopolis (plus haut, p. 41, n. 3).

5. Par exemple, P. Lond., III, n° 1313 (an 507), p. 256, l. 9-12 : ...εἰς τὸν ἀριθμὸν τῶν ἐπὶ τῆς Ἑρμουπολιτῶν καθιδρυ[μ]ένων γενν[α]ιοτάτων Μαύρων.

6. P. Grenf., II, 95 : Δέδωκεν ἐκκλ(ησία) Ἀπόλλωνος εἰς λόγον ἀννωνῶν τῶν γενναιοτάτων Σκυθῶν Ἰουστινιανῶν ἀγραρευόντων ἐν τῷ μοναστηρίῳ Βαύλλου... Cf. *App.*, art. Apollônopolis.

7. P. byz. Caire, 67022. Cf. à l'Appendice les cas déjà cités d'Aphrodité et de Koma.

8. *Cod. Just.*, XII, 38, 19 ; *ibid.*, 38, 17.

9. J. N., c. cvii, p. 542 (Léonce de Maréotis), et *passim*.

10. P. Münch., p. 15 : le βικάριος Ἑρμώνθεως intervient comme juge dans un procès.

main-forte aux agents du pouvoir central (1), et envoyait des
patrouilles chez les débiteurs récalcitrants du fisc (2), ou chez
toute espèce de personne que lui signalaient les agents de police (3). L'analogie avec le duc — toutes proportions gardées, —
se complète quand à son autorité propre il joint le pouvoir civil,
c'est-à-dire quand il est revêtu de la dignité de pagarque, ce qui
n'est pas rare (4).

Il reçoit l'investiture de l'empereur lui-même (5), qui, en
théorie, fait les nominations. Pratiquement, c'était sans doute le
duc qui le choisissait ou le révoquait (6). Comme le pagarque, le
tribun est presque toujours un indigène, un notable de la ville
où il exerce sa charge ; les propriétaires fonciers, γεουχοῦντες, recherchaient ce moyen d'augmenter leur influence (7). Parfois cependant, dans le cas où une bande de soldats Barbares était
envoyée tenir garnison dans la vallée du Nil, le chef pouvait
être de même nationalité que ses hommes : de toute façon, il
était forcément étranger à l'Egypte. Ainsi s'explique la présence
à Apollônopolis magna d'un certain Ricimer, comme « stratélate
des Scythes (8) ».

En principe, chaque πόλις aurait dû posséder un ἀριθμός, ce qui
explique comment le même mot de *tribun*, qui dans l'usage cou-

1. Ed. XIII, 1, 6-7-8.

2. Ed. XIII, 1, *ibid.* ; P. byz. Caire, 67002, II, 23 ; 67021, où apparaît la στρα-
τιωτικὴ βοήθεια pour soutenir le pagarque.

3. P. S. I , I, 47 : le riparios d'un village menace des fonctionnaires négligents
de faire venir le tribun de la πόλις avec des soldats, qui feront main basse sur les
biens des coupables.

4. J'ai déjà cité (p. 93, note 1) le cas d'Arsinoé-Théodosiopolis. Jean de Nikious
rappelle un cas analogue pour Athribis, en 609 : « Ptolémée, l'apellòn
(= τριβοῦνος) d'Athrib, qui était préfet (= πάγαρχος) de cette ville » (J. N.,
c. cvii, p. 542).

5. J. N., c. cvii, p. 541 : « Léonce, *préfet de Phocas à Maréotis* ». L'analogie
avec les pagarques confirme cette conjecture (Sur ces derniers, cf. Ed. XIII, 1,
12).

6. J. N., c. xcvii, p. 529. Mais il reste douteux si les « frères d'Aykelâh » sont
des pagarques ou des tribuns.

7. B. G. U., 303 : τριβούνῳ καὶ ἀντιγεούχῳ (mais ce n'est peut-être pas un
tribun militaire) ; 305 : terrain appartenant à un « stratélate et pagarque » ; 364 :
.....στρατ]ηλάτῃ καὶ Στρατηγίῳ [Ἰλ]λουστρίῳ .....γεουχοῦσιν ; P. Lond., I,
cxiii, 6 (c), p. 215, où il est question de l'οὐσία (propriétés foncières) d'un stratélate. Tous ces papyrus proviennent d'Arsinoé.

8. Voir plus haut, p. 51.

.rant désignait le chef d'un *numerus*, a pu s'appliquer au gouverneur militaire d'un district, d'une πόλις (1). Pour reprendre un exemple déjà discuté plus haut (2), la Pentapole, sous Anastase, avait cinq ἀριθμοί, un par conséquent dans chacune de ses cinq cités (3). En Egypte propre, l'expression d'ἀριθμὸς Ἑρμών-θ(εως) (4) exclut l'idée que moins ou plus d'un *numerus* ait occupé cette ville ; et de même celles d' ἀριθμὸς [Ἑρμου (?)] πόλεως (5), ἀριθμὸς Φιλῶν (6), ἀριθμὸς Ἀπόλλωνος (7) etc… Dans tout l'empire, en Syrie, en Afrique, des documents relativement nombreux apportent des indices du même fait (8).

Il ne devait pas toujours en être ainsi dans la pratique. Nous verrons plus loin (chap. VI) que, d'après certains indices, quelques πόλεις n'ont peut-être possédé qu'une fraction d'ἀριθμός. En tout cas, l'exception inverse nous est formellement connue, dans le cas des villes les plus importantes. Sans parler d'Alexandrie (9) qui est hors de cause ici, Arsinoé servait de quar-

---

1. L'expression de *tribunus civitatis* se rencontre hors d'Egypte dans plusieurs autres provinces byzantines : en Italie (exemples cités par M. Diehl, *Etudes sur l'exarchat de Ravenne*, p. 113) ; en Afrique (C. I. L., VIII, n° 9248).

2. Cf. page 91.

3. Sous Justinien, la Pentapole compte six πόλεις (Hier., 732, 8) : il est probable qu'alors elle reçut un sixième ἀριθμός.

4. B. G. U., 673 (an. 525) ; cette restitution me paraît préférable à Ἑρμωνθ(ιτῶν) que propose M. Krebs.

5. P. Lond., vol. III, p. 253, n° 992, l. 5 ; voir la discussion à l'appendice, art. Hermopolis.

6. P. Lond., 1791 (inédit).

7. P. Grenf., I, 60 (581), l. 56.

8. A. Palmyre, Justinien installe un ἀριθμὸς στρατιωτῶν à côté des *limitanei* (Malalas, 426, 3 [*Bonn*]) ; un autre à Martyropolis d'Arménie (*ibid.*, 427, 17) ; un dans la ville de Bosporos (*ibid.*, 432, 1-3), etc… La garnison de Berroia en Syrie se compose du seul détachement des Κουαρτόπαρθοι (Théoph. Sim., II, 6). En Afrique, nous avons l'épitaphe d'un certain *Fl. Ziperis*, « tribunus numeri Primanorum felicium Justinianorum…., agens tribunatum Rusguniis » (C. I. L., VIII, n° 9248). Les deux titres, tribun de *numerus* et tribun de ville, sont réunis ; la localité n'avait donc qu'un seul ἀριθμός.

9. Il est évident qu'un seul *numerus* n'eût pas suffi à sa garde. On y voyait peut-être un ἄρχων φοιδεράτων (cf. p. 61). Quant aux στρατιῶται proprement dits, nous ne savons comment ils étaient organisés. Il ne semble pas que le duc et Augustal d'Egypte ait été « commandant de place » dans sa capitale et chef direct de la garnison. Jean de Nikious (c. cvii) mentionne, en effet, un *apellôn* (= tribun) d'Alexandrie, distinct du duc et augustal Théodore ; ce fait paraît

tier aux *Leontoclibanarii*, aux Daces et aux *Transtigritani* (1). Comme on voit figurer les premiers en 511, par exemple, tandis que les Transtigritains sont signalés en 498 et en 531, c'est-à-dire avant et après cette date, il est certain que la capitale de l'Arcadie avait une garnison de plusieurs ἀριθμοί à la fois. Antaiopolis, à partir du règne de Justinien, eut des Scythes à côté de ses Macédoniens (2) ; et il est vraisemblable que ces deux πόλεις ne furent pas strictement seules à jouir de cette situation privilégiée, encore qu'il s'agisse évidemment là d'une mesure exceptionnelle, due à l'importance de ces deux cités. Il faut donc distinguer, à Arsinoé par exemple :

1° Le *stratélate d'Arsinoé*, gouverneur militaire du canton, qui a au moins trois ἀριθμοί à sa disposition ;

2° Les stratélates secondaires ou tribuns particuliers de chaque ἀριθμός.

C'est sans doute à la lumière de ce fait qu'il convient d'examiner la situation d'un personnage mal défini jusqu'ici : le βικάριος (3). Nous en pouvons citer plusieurs exemples :

I. un βικάριος Ἀνταίου (P. byz. Caire, 67057, II, 6) ;

II. un ἀνδριώτατος (sic) βικάριος Ἑρμώνθεως (P. Münch. p. 15) ;

III. un βικάριος τῶν στρατιωτῶν Σκυθῶν καὶ τῶν Μακεδόνων, à Antaiou (P. byz. Caire 67002, II, 12), qui fait pendant au pagarque ;

IV. un στρ (ατηλάτης) τοῦ ἀριθμοῦ τῶν γενναιωτ(άτων) Σκυθ[ῶν], βικάριος ὢν [τῶ]ν ἐν τῇ πόλει ἀγρα[ο]ε[υ]όντων (P. byz. Caire 67009, *recto*, 20-21), à Antaiou encore.

Il suit de là que le *vicaire* est d'un rang au moins égal à celui du tribun, que son activité s'étend à toute une garnison urbaine (IV), et qu'on l'appelle ordinairement d'après le nom de la ville (I, II) :

indiquer que la capitale était traitée, à ce point de vue, comme une πόλις ordinaire, avec un tribun à la tête de sa garnison de στρατιῶται.

1. Voir les références à l'Appendice. Il ne faut pas oublier que le stratélate d'Arsinoé est en même temps celui de Théodosiopolis, et que ces nombreux ἀριθμοί servaient sans doute à la garde des deux πόλεις.

2. Cf. Appendice. Hermopolis, à côté de son détachement ordinaire de Maures, eut, sous Justinien, des « Numides Justiniens » ; mais peut-être n'est-ce là qu'un nom nouveau imposé à l'unique bataillon déjà existant.

3. On l'a considéré jusqu'ici soit comme identique au tribun, ce qui n'est pas absolument exact, soit comme subordonné au tribun, ce qui est tout à fait erroné (cf. M. Gelzer, dans *Arch. für Papyrusforschung*, V, p. 354 et 356).

il est donc comparable au tribun ou stralétate. La différence est peut-être qu'il commande à plusieurs ἀριθμοί ; c'est ce qu'indique non seulement l'exemple III, mais plus péremptoirement encore le quatrième : ce dernier précise, en effet, la distinction entre les fonctions de simple *stratélate* des Scythes, et de *vicaire* des Scythes et des Macédoniens. Le cas d'Hermonthis est seul douteux : en 525 cette ville n'était gardée que par un seul *numerus*, si l'on en croit l'expression de ἀριθμὸς Ἑρμώνθ(εως) (1) ; mais son vicaire paraît dans un papyrus de l'an 594, ce qui permet de supposer que lors des réformes de Justinien la garnison fut augmentée. Cette théorie me paraît utilement confirmée par l'histoire d'Antaiopolis : dans le premier tiers du VI° siècle, nous constatons l'existence d'un unique ἀριθμός et d'un τριβοῦνος Ἀνταίου ; depuis les réformes de Justinien on rencontre deux ἀριθμοί au moins et un βικάριος Ἀνταίου (2). Ce vicaire, est en somme, l'analogue du « stratélate » général d'Arsinoé. Son nom semble indiquer qu'il est surtout un lieutenant du duc, mais de fait ç'est bien un fonctionnaire officiel, dont le traitement est inscrit au budget de la ville (3).

En résumé, l'armée de chaque province se compose d'une poussière d'ἀριθμοί, un par cité, en théorie, tous dépendant du duc directement et au même titre. Dans quelques localités seulement, par exception, il existe un grade intermédiaire entre le duc et le tribun d'ἀριθμός. Ce grade paraît n'avoir pas de titulaire distinct : il est conféré à l'un des tribuns de la garnison. Ainsi Florentios est à la fois stralétate des Scythes et vicaire d'Antaiou (P. byz. Caire 67009). C'est ce qui explique, sans doute, qu'il ne porte pas tou-

---

1. B. G. U., 673.

2. Cf. Appendice. Le tribun, s'il était distinct du *vicaire*, devrait être nommé dans P. byz. Caire, 67057. Son titre se lit encore dans P. byz. Caire, 67058, qui est postérieur à 539, puisque les Numides d'Hermopolis (N. Ἰουστινιανοί) sont déjà mentionnés. Mais le terme de tribun peut avoir continué, accidentellement, d'être employé pour désigner le vicaire.

3. P. byz. Caire, 67057, col. II, l. 6. — Un dernier exemple de βικάριος se lit dans un papyrus de Syène publié par L. Wenger (*Zeitschr. der Savigny-Stift.* XXXII (1911), Rom, Abt., p. 328, l. 47) : Φλ. Δίδυμος Σιλβανοῦ ἀπὸ βικάρ(ιων) λεγ(ιῶνος) Συήνης. Cette « légion » de Syène est ailleurs dénommée ἀριθμός ; le vicaire est donc ici soit le *tribun* sous un titre inexact, soit un officier subalterne sans rapport avec le βικάριος défini plus haut. Même incertitude dans Cod. Just. III, 13, 5 et XII, 37, 19 (où il est mentionné deux fois).

jours son titre spécial, mais qu'on l'appelle *stratélate* à Arsinoé, comme un ordinaire chef de bataillon (1). Il n'y a là qu'un exemple de plus de l'imprécision de la langue administrative à l'époque byzantine. Il est vrai que l'expression grecque de *stratélate* a des chances de n'être pas officielle, tandis que celles de βιχάριος et de τριβοῦνος, étant tirées du latin, le sont sûrement.

1. M. Partsch (*Göttingischen gelehrten Anzeigen*, 1911, n° 5, p. 311) fait de l'employé appelé τοποτηρητής un officier commandant la garnison d'une ville. Cette assertion est partiellement erronée. Les τοποτηρηταί sont les délégués d'un haut fonctionnaire provincial, *civil ou militaire* (Nov., 128, 20 ; 134, 1). Quelques-uns sont régulièrement institués par le gouvernement central : ainsi celui qui rend la justice dans les cantons de Mareotis et de Menelaites au nom du *præses* civil de Libye (Ed. XIII, 2, 4). Mais, en général, leur création est due à l'initiative du gouverneur qui les emploie, et est interdite par les lois (Nov. 128, 20 : κωλύομεν .....τοὺς ἐν ταῖς ἐπαρχίαις ὄντας ἄρχοντας πολιτικούς τε καὶ στρατιωτικοὺς ἐν ταῖς πόλεσιν ἤτοι κάστροις τοποτηρητὰς ἐν ταῖς καταπιστευθείσαις αὐτοῖς ἐπαρχίαις ποιεῖν). En Egypte, je relève un τοποτηρητής à Antaiou (P. byz. Caire, 67003, 25), qui sert d'exemple à M. Partsch : rien n'indique qu'il remplisse une fonction militaire ; un à Omboi peut-être (Lefebvre, 562) sur lequel nous ne savons rien ; un autre dans le canton de Thèbes (tombeau de Ramsès III = Letronne, *Inscr. de l'Egypte*, II, p. 302) ; un dernier enfin appelé τ. ἄνω τοῦ λιμίτου, qui semble résider à Hermonthis (B. G. U., 669. 670). Ce dernier est qualifié une fois (B. G. U., 669) de καγκελλάριος, ce qui atteste son caractère civil. C'est le même qui reparaît, sans doute, dans P. Münch , p. 15, où un soldat plaide devant Καλλινίκῳ τῷ ἀνδριωτάτῳ βιχαρίῳ Ἑρμώνθεως, ἀναπληροῦντι τὸν τόπον Ἀμμωνιανοῦ τοῦ μεγαλοπρεπεστάτου τοποτηρητοῦ. Ce texte nous prouve : 1° qu'il faut distinguer du τοποτηρητής le βιχάριος dont nous avons parlé plus haut, quoique le mot *vicarius* soit la traduction latine ordinaire du grec τοποτηρητής ; 2° que ce topotérète d'Hermonthis est décidément bien un fonctionnaire civil, puisque le pouvoir militaire est déjà exercé par un βιχάριος. Le passage doit s'expliquer ainsi : l'accusateur a fait appel devant le topotérète, représentant du duc ; et celui-ci, voyant que les parties sont des soldats, s'est substitué le *vicaire* de sa résidence. Une fois seulement, nous sommes mis en présence d'un καθωσιωμένος τοποτηρητὴς τοῦ λιμίτου (P. Münch., p. 17). L'épithète révèle clairement un officier : mais il s'agit là des *limitanei*, dont nous parlerons plus bas. Jusqu'à plus ample informé, nous n'avons donc pas à nous occuper du topotérète dans la hiérarchie des στρατιῶται. Si jamais de nouveaux documents venaient nous forcer à l'y admettre, on ne voit guère ce qu'il pourrait être, sinon la βιχάριος sous un autre nom, malgré le témoignage contraire de P. Münch., p. 15.

§ 3. — *L'organisation des limites.*

La description qui précède s'applique exclusivement aux στρατιῶται proprement dits, aux *comitatenses* dont les bataillons occupaient les cantons à l'intérieur de chaque province. Dans le *limes*, la situation est naturellement différente, puisque les garnisons y sont beaucoup plus nombreuses, et que, par suite, les territoires militaires n'y coïncident plus avec les pagarchies civiles. Les stations où cantonnent les troupes sont ici de deux sortes :

1º Les πόλεις frontières, qui doivent avoir, comme celles de l'intérieur, leur ἀριθμός et leur tribun ;

2º Les κάστρα intermédiaires, gardés par des détachements plus ou moins importants, qui peuvent égaler celui d'une πόλις.

En règle générale, chaque πόλις englobée dans le limes doit être, comme les autres, occupée par des *comitatenses*, chaque *castrum* par des *limitanei* : c'est ce que prouve le nom de καστρησιανοί fréquemment donné à ces derniers. Mais les exceptions à ce principe ne manquent pas. Dans les premiers temps de l'Afrique byzantine, les *castra* furent parfois confiés aux στρατιῶται, comme le reconnaît le décret d'organisation de la nouvelle conquête (1) : « Pro limitaneis vero ordinandis necessarium nobis esse videtur, ut *extra comitatenses milites, qui per castra sunt*, milites limitanei constituantur. » De même en Pentapole : « ὥστε ἐκ πάντων τῶν ἀριθμῶν (de στρατιῶται)... ἀποκεκληρῶσθαι τῷ... δουκὶ ἤτοι τοῖς περὶ τῶν τοιούτων ἀποστέλλιν αὐτοὺς ὀφίλουσιν εἰς γραμμάτων ἀποκομιδὴν..., τοὺς δὲ λοιποὺς (στρατιώτας) ἅπαντας προσκαρτερεῖν τοῖς φοσσάτοις (2). Inversement, la πόλις de Palmyre, dans le *limes* syrien, n'eut que des *limitanei* jusqu'au jour où Justinien la dota, par surcroît, d'un corps de *comitatenses* (3). En Egypte même, la *ville* de Philai sert de quartier à un ἀριθμός de limitanei (4). De toute façon, l'organisa-

1. *Cod. Just.*, I, 27, 2, 8.
2. Ed. Anast., c. 8.
3. Malalas, p. 426, 3 (Bonn).
4. Voir plus haut, p. 60 sqq. L'expression ἀριθμός Φιλῶν prouve qu'ils constituaient à eux seuls la garnison.

tion instituée aux frontières était mixte, la défense en étant assurée par le concours de ces deux milices.

D'autre part, on ne peut appliquer ici le système de morcellement de l'autorité, employé dans l'intérieur, où chaque tribun de πόλις est indépendant de son voisin, et soumis directement à l'autorité du duc. Les besoins de la défense réclament une autorité commune pour grouper contre une attaque les forces réparties entre les forts et les camps retranchés d'une même région. Déjà, à la fin de l'époque romaine, chaque *limes* était divisé en sections qui prennent elles-mêmes le nom de *limites*, suivi de l'indication de la ville voisine la plus importante ; chacune de ces sections est commandée par un officier appelé præpositus. Ainsi en est-il en Afrique, par exemple, d'après la *Notitia Dignitatum*. (Occ. XXV) : « Sub dispositione viri spectabilis comitis Africae : præpositus limitis Thamallensis, præpositus limitis Montensis, etc... » Or, nous avons constaté, au chapitre II, que ces *limites* au sens étroit du mot existent encore dans l'Egypte du vi^e et viie siècle. De là, il est logique de conclure à l'existence de *præpositi limitum* dans le diocèse : et quelques faits confirment cette déduction.

En Libye, l'empereur Anastase exige que les κασρηστανοί gardent les routes donnant accès dans la province, et qu'ils ne permettent ni aux Romains de sortir ni aux Barbares d'entrer, sans permission écrite : τοὺς δὲ ἐκ τοῦ ἔθνους τῶν Μακῶν διὰ γραμμάτων τοῦ πραιφέκτου συγχωρῖσθαι ἐπὶ τὰ χωρία Πενταπόλεως παραγίνεσθαι, « mais qu'ils permettent aux indigènes de la race des Μάκαι, de se rendre sur le territoire de la Pentapole, munis d'une lettre du *préfet* (1) ».

Ce préfet est peut-être simplement le commandant d'un κάστρον frontière. Mais les tribuns, chefs de poste, sont de bien petits personnages pour pouvoir donner de leur chef de pareilles permissions ; je croirais plutôt que le πραίφεκτος est leur supérieur. L'identification avec le *præpositus limitis* se présente alors d'elle-même.

En Thébaïde, la frontière est si restreinte qu'il n'y a place que pour une seule de ces marches : c'est pourquoi on l'appelle

____

1. Ed. Anast., c. 11.

τὸ λίμιτον, au singulier (1). L'officier préposé à sa défense s'appelle semble-t-il, τοποτηρητής τοῦ λιμίτου (2). Ce territoire, ainsi que nous l'avons vu (p. 26), se composait de la *ville* de Philai, avec les deux *castra* d'Éléphantine et de Syène. Peut-être existait-il encore quelques postes dans l'archipel nilotique qui avoisine Philai, ou sur les rives, entre Syène et la cataracte.

A Babylone enfin, à l'extrémité méridionale du *limes* d'Augustamnique, les écrivains arabes nous laissent entrevoir quelque chose d'analogue. Le lieutenant du Moqaouqis, qui défendit le château contre les Musulmans après la fuite de celui-ci, porte en effet, chez eux, le titre d'*Al-Mandaqoûr*, المندقور, transcription presque exacte du grec byzantin μανδάτωρ (3). Ce titre (dont l'énoncé complet est sans doute *mandator ducis*), et l'importance du rôle que joue le personnage dans la lutte contre l'invasion, nous engagent à voir en lui mieux qu'un simple tribun de *limitanei*. Le sens propre du mot (l'officier qui transmet les ordres du

1. P. München, p. 17 ; P. Lond., IV, 1832–1333.

2. P. Münch., p. 17 ; voir plus haut, p. 99, n. 1. Une inscription de Philai (Lefebvre, 597) débute par ces mots : Σπουδῇ καὶ ἐπιεικείᾳ | τοῦ ἀξιολογοτάτου | Λουκιλλιανοῦ ἐπάρχ(ου) | λεγ(εῶνος) Φιλῶν, καὶ Παχωτ | πρίγ(κιπος), etc... M. Serruys (*Rev. de Philologie*, t. XXXIII, p. 71-78) attribue cette inscription au iv° siècle, à cause de l'expression νέα ἰνδικτίων, qui se lit à la fin. J'ai déjà exposé (*Bull. Instit. franç. Archéol. orientale*, t. VII, p. 108) les raisons qui me portent à la faire descendre jusqu'au vi° siècle. La principale est que la série d'inscriptions chrétiennes dont celle-ci fait partie (Lefebvre, 584-598) a été trouvée dans des dépendances du temple d'Isis, et, par conséquent, doit être postérieure à la désaffectation de ce temple sous Justinien. J'ai aujourd'hui un argument de plus à fournir, ayant retrouvé, avec une certitude presque complète, la formule νέα ἰνδικτίων sur un papyrus du vi° siècle (P. byz. Caire, 67112, l. 10) ; un papyrus d'Oxyrhynchos, récemment publié (P. S. I. 80, l. 18 et 19), emploie aussi, au vi° siècle, l'expression δεκάτης ἰνδ(ικτίωνος) νέας. Si l'on admet ma date, on pourra supposer que cet ἔπαρχος est analogue au τοποτηρητὴς τοῦ λιμίτου, et corriger λεγ(εῶνος) en ῥεγ(εῶνος), comme dans la requête de l'évêque de Syène aux empereurs Valentinien III et Théodose II (P. Leid., Z). Ainsi, les mots ἔπαρχος ῥεγεῶνος Φιλῶν seront la traduction de *præpositus limitis Philarum*. Mais cette correction, elle aussi, est incertaine : on sait par les papyrus de Munich (p. 22) que l'ἀριθμός de Syène était parfois appelé λεγιών. Ainsi, notre Loukillianos aurait été simplement τριβοῦνος ἀριθμοῦ Φιλῶν. Toutes ces ambiguités sont cause que j'ai préféré, jusqu'à nouvel ordre, ne pas me servir de l'inscription citée.

3. Cf. Butler, p. 513. A sa liste on peut ajouter le témoignage d'Al Kindî, qui donne une variante nouvelle par addition d'un point diacritique erroné : المنزقور *Al-manzaqoûr* (éd. N. A. Kœnig, p. 3, l. 11).

général en chef) ne convient pas ici. C'était peut-être, lui aussi,
un *præpositus*, commandant cette partie si importante du *limes* :
le groupe Héliopolis-Antonias-Babylone.

Cet exposé est nécessairement conjectural dans les détails.
Toutefois, nous en savons assez pour affirmer que contrairement
à ce qui se passait dans l'intérieur du pays, où chaque gouverneur
de πόλις dépendait immédiatement du duc, le *limes* se divisait en
certain nombre de sections, de marches militaires englobant une
πόλις et plnsieurs *castra* fortement garnis. A chacune de ces
marches était préposé un préfet, officier intermédiaire qui avait
à son tour sous ses ordres les tribuns particuliers de chaque
ἀριθμός, *limitanei* et στρατιῶται indifféremment.

CHAPITRE V

C'est fort rarement que, par un passage laconique de quelque papyrus ou inscription, nous pouvons jeter un coup d'œil sur l'intérieur du *numerus* égyptien préposé à la garde d'une πόλις. En réunissant les textes, on arrive cependant à établir une liste incomplète, mais instructive, des officiers et gradés inférieurs.

Ces gradés, pris dans leur ensemble (ou du moins les plus élevés d'entre eux : centurions, *campiductores, actuarii, adju-tores*, etc…), constituent ce qu'on appelait dans la légion romaine les *principales*, et ce qui s'appelle au vi⁰ siècle les πριόρις τοῦ ἀριθμοῦ (1), ou πρῶτοι (2), πρωτεύοντες (3). A Syène, à Eléphantine, on les voit constitués en un collège, κοινόν, qui s'occupe de l'administration du détachement, notamment des procès entre soldats ou familles militaires (4), de l'immatriculation des recrues (5), de la perception de l'annone (6). En un mot, les principaux actes émanés de l'autorité d'un seul de ses membres, sont contresignés par le collège entier.

Le βίαρχος ou commissaire du service des vivres apparaît à

---

1. B. G. U., 836, 2 (Arsinoé, règne de Justinien) ; P. Münch, p. 24-25 (Eléphantine, 578) ; Nov. Just. 117, 11.

2. P. Münch., p. 10 (Syène, fin du vi⁰ siècle) : πρῶτοι ἀριθμοῦ Συήνης.

3. P. Münch., p. 23 (Eléphantine, 578) : ὁ κοινὸς τῶν προτευόντων τοῦ ἀριθμοῦ [τ]ῶν στρατιωτῶν τοῦ φρουρίου Ἐλεφαντίνης. Cf. l'expression *numeri principes* dans Cod. Just. XII, 37, 19.

4. *Ibid.*, p. 10.

5. *Ibid.*, p. 24.

6. B. G. U., 836.

Arsinoé : βιάρχῳ [ἀρι]θμοῦ τῶν γενναιοτάτων Λεοντοκλ[ιβαναρίων] (1). A côté de lui nous sont connus :

L'ἀκτουάριος ou ὀπτίων, agent comptable du bataillon, qui distribue notamment entre les soldats les denrées alimentaires fournies par l'*annona militaris*. Comme le tribun, il est appelé tantôt du nom de son bataillon (τοῖς γενναιοτάτ[οις] στρατιώταις τοῖς ἀπὸ τοῦ ἀριθμοῦ Νουμίδαις Ἰουστινιαν[οῖ]ς (*sic* pour Νουμιδῶν), διὰ Θεοτέκνου τοῦ καθοσιωμένου αὐτῶν ὀπτίονος) (2), tantôt du nom de la πόλις où réside la garnison : Φλαύιος Ψά[τ]ης ἀκτουάρ(ιος) σὺν Θ(εῷ) Ἀνταίου (3).

L'*adjutor* (ἀδιούτωρ), qui paraît être une sorte de scribe (4), chargé de la rédaction des actes ; l'enregistrement de la *probatoria* d'un soldat est en effet signé δι' ἐμοῦ Φλ(αυίου) Μακαρίου Ἰσακίου ὀρδιναρ(ίου) καὶ ἀδιούτορ(ος) τοῦ αὐτοῦ ἀριθμοῦ ἐγράφη (5).

Le ὀρακονάριος ou porte-drapeau, assez souvent nommé : Φλ(αύιος) Δελμάτις ὁ καὶ Οὐαλεντῖνος τρακωνάριος (6).

Le *campiductor* (καμπιδούκτωρ), instructeur des recrues ; un *ex-campiductor* se montre une seule fois dans les papyrus, à Arsinoé (7).

Le centurion (κεντυρίων, κεντηνάριος). Le *numerus* se compose de plusieurs compagnies de cent hommes environ chacune, en nombre variable (8), commandées par cet officier : par exemple, à Arsinoé,

---

1. Cité par C. Wessely (*Wien. Stud.*, XXIV, p. 133) ; an 511.

2. P. Lond., inédit (communication de M. Bell).

3. P. byz. Caire, 67051, 7 ; cf. encore *ibid.*. 67137, fragment 1, l. 1 (vie siècle). Un ἀπὸ ἀκτουαρίων à Oxyrhynchos (P. S. I. 48, 1).

4. Cf. J. Lyd., I, 46 (p. 48, l. 12) : ἀδιούτορες ὑποβοηθοί. Plus loin (III, 2, p. 88, l. 15) : [οἱ] λεγόμενοι ἀδιούτορες, οἱονεὶ βοηθοί. Le papyrus de Syène publié par L. Wenger dans *Zeitschr. der Savigny-Stiftung* XXXII (1911), Rom. Abt., p. 328, lui assigne un rôle qui concorde pleinement avec cette hypothèse (ἐσωμάτισα l. 50).

5. P. Münch.. p. 24 (Eléphantine) : Inv. Nr. 101, 105, 108. Jean Lydus (p. 123, l. 23) leur attribue le même rôle que ce papyrus à l'égard des προβατωρίαι : προβατωρίας πορισάμενοι εἰς μὲν ἀδιούτορας. Cf. *ibid.*, p. 88, l. 16 : καὶ ταύτης μόνης τῆς προσηγορίας (scil. τῶν ἀδιουτόρων) μνημονεύουσιν αἱ παρὰ τῶν βασιλέων παρεχόμεναι τοῖς εἰς στρατείαν παριοῦσι προβατωρίαι.

6. P. Lond., I, p. 199 (n° cxiii, 1 ; vie siècle, Arsinoé) ; *Wien. Stud.*, p. 133 : (Leontoclibanarii à Arsinoé).

7. Φλ(αυίῳ) Πλουτάμμωνι ἀπὸ καμπιδουκτόρων ἀριθμοῦ τῶν γενναιοτάτων Τρανστιγριτανῶν (P. Lond. I, p. 210, n° CXIII, 5ª, de l'an 498).

8. Voir plus bas, p. 115 sqq.

nous rencontrons un κεντηναρίῳ ἀριθμο[ῦ τῶν γενν]αιοτάτων Λεώ[ν]ῶν κλιβκναρίων (1).

Le δομεστικός ou adjudant du tribun (P. byz. Caire 67040,5).

Enfin, parmi les grades inférieurs ou les simples titres honorifiques, nous découvrons encore des *circitores*, sous-officiers ou soldats chargés de l'inspection des *castra*, dans l'Edit d'Anastase (2) ; des *beneficiarii* (βινεφικιάλιοι) attachés à la personne d'un officier supérieur (3) ; un *stationarios* mal défini à Antaiou (4). Certains termes, hérités de l'ancienne légion romaine, n'ont plus, dans un ἀριθμός du vi^e siècle, qu'un sens bien difficile à préciser. Les *ordinarii* étaient jadis les centurions des premiers *ordines*, les plus honorés de ces gradés (5) : à l'époque byzantine, comme l'ἀριθμός ne compte parfois que deux ou trois centuries au lieu des 59 de la légion antique, le sens a dû forcément changer (6). Et que peuvent être, sous Justinien et ses successeurs, un φλαουϊάλιος ἀριθμοῦ τῶν καθωσιωμένων Τρανστιγριτανῶν (7), un αὐγουστάλιος λεγιῶνος Συήνης (8) ? Du temps du Haut-Empire romain, certains sous-offi-

---

1. Κεντηνάριος dans Wessely, *op. cit.*, p. 131 et 136 (Arsinoé, vi° s.) ; κεντυρίων dans P. Münch., p. 22, et peut-être dans P. Grenf., I, 60 (581), l. 56, où on pourrait restituer : κεντυ]ρίων ἀριθμοῦ ταύτης τῆς ἄνω Ἀπόλλωνος.

2. Ed. Anast., c. 8.

3. B. G. U., 691 (époque byzantine ou arabe) : λόγιται ὑ(πὲρ) Θεωνίνων βενεφικιάλιος.

4. P. byz. Caire, 67132, 3. C'est peut-être un simple agent de police.

5. Cf. l'article *Legio* (p. 1055) dans le Dictionnaire d'archéologie Daremberg et Saglio ; Bouché-Leclercq, *Manuel des Institutions romaines*, p, 309.

6. D'après un passage de Jean Lydus (I, 46, p. 47, l. 2), on pourrait admettre que le mot s'applique désormais à tous les centurions. On y lit, en effet, l'équivalence ὀρδινάριοι · ταξίαρχοι. Or, le traité ἑρμηνεία τῶν ...φωνῶν, publié par Kœchly et Rüstow au tome II des *Griechische Kriegsschriftsteller* (p. 220), nous dit, à l'article τάξις : « καὶ ὁ ἡγούμενος πάλαι μὲν ταξίαρχος, νῦν δὲ ἑκατοντάρχης ». Mais le renseignement de Jean Lydus est suspect, car il prétend s'appliquer à l'armée romaine antique, ce qui est faux. En outre, il est démenti, à ce qu'il semble, par les papyrus. En effet, on compte huit ὀρδινάριοι dans le seul ἀριθμός d'Eléphantine (P. Münch, p.24) dont un ὀρδιναρ(ίου) καὶ ἀδιούτοπος : cet ἀριθμός serait donc d'un millier d'hommes au moins, car la centurie était de 128 hommes d'après la théorie exposée dans l'Ἑρμηνεία précitée. Ce résultat est invraisemblable (cf. plus bas, p. 115 et seq.). Il semble plutôt que les ὀρδινάριοι sont à présent les premiers d'entre les πρίορες. Autres mentions d'ὀρδινάριοι dans P. byz. Caire, 67058, VII, 26 (*Addenda et Corrigenda*) ; P. Oxy., VI, 942 (suscription).

7. B. G. U., 369 (Arsinoé, 531).

8. P. Münch., p. 22 ; P. Lond. (inédits, 1795, 1802 : ἀγουστάλ(ιος) λεγ(ιῶνος) Συήνης.

ciers de la légion furent décorés du titre d'*augustales* en souvenir d'Auguste, de *flaviales* en souvenir de Vespasien : titres qui se conservèrent, on le voit, jusqu'à une époque où on en avait oublié l'origine (1).

Sur tous ces officiers subalternes de l'ἀριθμός, les documents d'origine égyptienne ne nous apprennent rien de plus. Ce peu est suffisant, toutefois, pour nous prouver expérimentalement une vérité déjà probable *a priori* : la hiérarchie inférieure, au dessous du tribun, était en Egypte ce qu'elle était partout (2). Les corps de l'armée byzantine, qu'ils fassent partie d'une troupe d'expédition ou d'une garnison provinciale, que ce soient des *comitatenses* ou des *limitanei*, se décomposent tous, en dernière analyse, en ἀριθμοί identiques. Il est donc inutile de creuser davantage cette question, à l'aide de documents étrangers au diocèse, dans une étude qui n'a en vue que le système de défense particulier à l'Egypte.

Il reste à examiner l'entretien des troupes, et leur solde. Ici encore, les mêmes raisons nous forcent à la concision : on ne peut guère se représenter l'administration militaire qu'à l'aide de papyrus du ive siècle, parfois dangereux à utiliser pour le vi^e, ou du Code de Justinien, qui n'entre pas dans le détail des coutumes locales.

On sait que l'homme d'armes byzantin touchait deux sortes d'allocations : une paie en argent (*solatium*) et des fournitures variées en nature. A la première font allusion quelques textes égyp-

---

1. Le titre de *flavialis* fut peut-être remis en honneur à l'avènement de la seconde dynastie flavienne. Depuis lors, tous les empereurs ont porté le nom de Flavius. — Pour terminer, citons le σιμισάλιος de P. Amh., II, 148 (σ. ἀριθμοῦ τῶν γενναιοτάτων Λεοντοκλιϐαναρίων) : le mot se retrouve dans Jean Lydus, sans nous renseigner beaucoup sur sa signification, qui reste problématique (lat. semissalis) : ἀρματοῦρα σημισσάλια, ὁπλομελέτη μείζων (p. 48, 7). — La division des soldats en classes selon l'ancienneté subsistait, comme le prouve la mention de τείρονες (P. Münch, p. 23).

2. A priori, il est évident que les τάγματα, de même nom et de même effectif que les autres, qui résidaient dans les provinces, devaient être organisés comme ceux de l'armée d'expédition. D'ailleurs, nous retrouvons dans les textes militaires les gradés mentionnés par les papyrus : dans Jean Lydus, les ὀρδινάριοι, ὀπτίωνες, βενεφικιάλιοι, δρακονάριοι, ἀδιούτορες (cf. *De Mag.*, p. 123, l. 23), ἀρχίτορες (p. 47-49). Cette liste, il est vrai, s'applique à l'armée romaine ancienne, mais l'auteur, d'après son principe, ne les citerait pas s'ils n'existaient encore de son temps. Le centurion apparaît dans *Anon. tact.* (XV, 13) sous le nom

tiens du ɪvᵉ siècle (1), et plusieurs lois recueillies dans le Code (par ex. xɪɪ, 38, 16) ; mais nous ne savons ni à quel taux elle s'élevait à notre époque, ni selon quelles règles elle était distribuée. Les indemnités en nature nous sont un peu mieux connues.

Chaque soldat était équipé et habillé aux frais de l'Etat (cf. Cod. Just., XII, 36, 15 : a republica armantur et aluntur). Ainsi, une dépense spéciale est inscrite au budget de la ville d'Antaiopolis pour « une charge de fer », σιδηρᾶ βασταγή (*sic*), évidemment destinée aux armes des troupes (2). La *vestis militaris* était fournie de la même manière : les ἐπιμελ̔ηταί ἐσθῆτος (*curatores vestium*), chargés de recouvrer les effets réquisitionnés, sont connus au ɪvᵉ siècle (3), et une loi conservée dans le Code de Justinien a trait particulièrement au service de la *vestis militaris* en Egypte (4).

de taxiarque, dans l'Ἑρμηνεία (p. 220), dans le *Strategikon* dit de Maurice (I, 6, 34) ; c'était le grade occupé par Phocas avant son usurpation de l'empire. Le διάγραφος du *Strategikon* est sans doute l'*actuarius* (I, 2, 24). Procope fait mention de l'ὀπτίων à plusieurs reprises (*Bell. Vand.*, II, 20 : τοῦ καταλόγου ὀπτίων, εἰς ὃν αὐτὸς ἀνεγέγραπτο). Le Code de Justinien cite les *optiones* (IV, 65, 35), le *domesticus* et l'*actuarius* ou *optio* (XII, 38, 19). Enfin, on trouve dans P. Marini : l'optio (n° 93, l. 76), le *scribe* (= ἀδιούτωρ) (n° 95, l. 28), et quelques autres gradés que le hasard des découvertes ne nous a pas encore permis de rencontrer en Egypte.

1. Ils sont rares ; ainsi P. Lond., III, p. 228, n° 985 ; — cf. *Cod. Theod.*, VII, 13, 7, 2. Comme textes du vɪᵉ et vɪɪᵉ siècles, on peut citer le passage de Procope sur les στρατιῶται, les *protectores*, et sur les *limitanei* ou plus exactement les garnisons provinciales (Anecd., 24, p. 149 ; cf. plus haut, p. 45), passage dans lequel l'auteur accuse Justinien de payer irrégulièrement, ou même de ne pas payer du tout la solde des soldats ; et aussi l'anecdote contée par Jean de Nikious (c. cxɪx, p. 571) qui sera discutée plus loin (p. 123). Théophane (*Bonn*) p. 242 : χρυσόν τε εἰς ῥόγας αὐτῶν πεμπόμενον ; de même p. 400, sous Maurice. Le *Strategikon* attribué à Maurice, qui est peut-être en partie du vɪᵉ siècle, traite de la χρυσικὴ ῥόγα (I, 2) : cf. Aussaresses, *op. cit.*, p. 11. Le papyrus du Caire 67137, qui est un reçu de l'*actuarius* d'Antaiou pour une somme de 50 *nomismata*, concerne peut-être cette solde ; mais le texte est mutilé, et il est possible qu'il s'agisse là d'une *adæratio* de l'annone (1ʳᵉ moitié du vɪᵉ siècle).

2. P. byz. Caire, 67057, I, 12 (mieux que σιδηραβασταγη pour σιδηρ6., que j'avais proposé d'abord). — Cf. *ibid.*, 67062, l. 8 : ὑπὲρ σιδήρου ἀγορασθέντος καὶ δοθέντος Στεφάνῳ τῷ στρατιώτῃ. On voit même des cordages (νεῦρα) et des toiles (pour les tentes ?, κιλίκια), livrés par un contribuable à un fonctionnaire militaire, le διαδότης Ἀνταίου (P. byz. Caire, 67139, fol. V, *recto*, 21).

3. *Cod. Theod* VII, 6, 1 ; XI, 6, 31 ; et quelques papyrus, comme P. Lips. 58, 9 (de l'an 371). Cf. M. Gelzer, *Studien*, p. 43.

4. *Cod. Just.*, XII, 40, 2 . Pour le vɪᵉ siècle, cf. *Itin. Hier.*, p. 186, l. 12.

Si cet impôt ne paraît dans aucun papyrus d'époque byzantine,
même là où l'attendrait, dans le tableau des dépenses d'Antaiou,
par exemple, ou dans les comptes d'Ammônios (1), il faut peut-
être attribuer en partie ce silence à la pratique de l'*adaeratio*,
qui remplaçait de plus en plus les impôts en nature par des taxes
en argent.

Une contribution du même genre, mais beaucoup plus importante, assurait les vivres de l'armée d'occupation.

Chaque canton est tenu, en principe, d'entretenir son ἀριθμός.
Outre le blé versé à l'ἐμβολή, pour l'approvisionnement de Byzance
et d'Alexandrie, une part est immédiatement prélevée sur les ré-
coltes pour la nourriture des troupes (*annona militaris*). Ainsi
un grand propriétaire foncier d'Antaiopolis, le comte Ammônios,
paie une fois 2 *nomismata* moins 4 *keratia* pour l'adération de
l'annone militaire : ἀννωνῶν Βασιλέκτ(ων) (2). Or, les *Visilecti* font
partie de la garnison d'Antaiopolis (3). Les dépenses nécessaires
à la subsistance de ces Visilecti, et des Scythes Justiniens d'Antaiou, sont d'ailleurs portées au budget de cette ville (4). L'Eglise
d'Apollônopolis effectue un versement analogue pour des
« Scythes » cantonnés sur le territoire de la πόλις (5). Le village
de Kerkè, dans le nome Arsinoïte, doit contribuer à l'entretien
des Τρανστιγριτανοί d'Arsinoé (6).

Certains papyrus du IVe siècle nous font connaître des cas absolument contraires à ceux-là. D'Hermopolis (7), d'Antaiou (8), des
denrées alimentaires sont réquisitionnées pour des bataillons
situés à l'autre extrémité de la province, à Syène ou à Philai.

1. P. byz. Caire, 67057 ; — 67138 et 67139.

2. P. byz. Caire, 67139, V, *recto*, 4.

3. *Ibid.*, 67057, II, 7.

4. P. byz. Caire, 67057, I, 6 et 8. L'interprétation donnée par M. Gelzer (Arch.
für Pap. V, p. 346) du mot ἀνεκτατσόμενον (= *delegatum*) est très probablement
la vraie.

5. P. Grenf., II, 95.

6. B. G. U., 836, l. 3 : ....]εια ἐκ τ[ῆς] καταπεμφθείσης θείας δηληγατίονος
ἑκάστης ἐπ[ω]εμήσεως φανερὰς ἀννώνας καὶ κάπιτα ἐκτατσόμενα [ε]ἰ[ς] Κερκὴ
τὴν κώμην, etc... (Requête des *Transtigritani*). Cf. encore les quittances des P. byz.
Caire 67050 et 67051, adressées par l'ἀκτουάριος Ἀντᾱίου aux autorités d'Aphrodité (du nome Antaipolite), comme le prouve le n° 67137, dont l'en-tête est conservé.

7. P. Lond., III, p. 228 (an 357) ; B. G. U., 1025 (an 389).

8. B. G. U. 974 (an 380).

Ailleurs, c'est au profit d'Antinoé qu'Hermopolis est mise à contribution (1). Au vɪᵉ siècle, peut-être parce que les pièces militaires conservées sont rares, nous n'avons aucun exemple à comparer à ceux-ci. Il est possible que les régions des *limites*, où les garnisons étaient plus serrées et plus nombreuses, aient dû demander aux villes de l'intérieur une partie des vivres nécessaires (2). Mais la règle générale était certainement celle que nous avons posée au début : règle qui est implicitement exposée en plusieurs passages du Code de Justinien (3).

La perception de l'annone militaire se fait par les soins des ἀπαιτηταί. On lit en effet dans un compte de dépenses de la κώμη d'Aphrodité :

Ἀνν(ῶναι) τῶν γενναιωτ(άτων) Νουμ(ιδῶν), β′ δ(εδρα)μή(νου) (pour τετραμή-νου), δ(ι′) Ἀνδρέου ἀπαιτ(ητοῦ)· ν(ομίσματα) λε′, κ(εράτια) ή (4).

Ces ἀπαιτηταί sont très rarement nommés par nos papyrus. Les exemples connus sont tous relatifs à ce même Andréas. Or, celui-ci est lui-même un soldat, enrôlé dans le corps des Numides. Il perçoit quelquefois directement, ainsi dans P. byz. Caire 67141, I. *verso*, 28 : mais il s'agit sans doute ici de quelques soldats accordés pour sa garde à un couvent. Les *épimélètes*, liturges civils chargés par les πόλεις ou les κῶμαι de la perception des denrées, apparaissent fréquemment au ɪᴠᵉ siècle ; aucun texte n'en fait mention à notre époque. Ont-ils disparu ? C'est peu probable ; le silence des sources est peu significatif, vu la pauvreté de notre documentation à cet égard (5).

1. Papyrus Th. Reinach (Paris, 1905), n° 56 (ɪᴠᵉ siècle).

2. On remarquera que les localités récipiendaires sont presque toujours Philai ou Syène, c'est-à-dire des postes du *limes*. Seul, le papyrus Reinach 56 nomme Antinoé : exception d'autant plus surprenante qu'Antinoé n'est pas citée dans la *Notitia Dignitatum*, comme siège d'un détachement de soldats.

3. *Cod. Just.*, I, 4, 18 : les contribuables sont les propriétaires et cultivateurs domiciliés soit dans la πόλις, soit dans la banlieue (ἐνορία). Même affirmation, moins précise, dans *Cod. Just.* XII, 38, 17 et 18. Ce système a d'ailleurs l'avantage d'une simplicité tellement plus grande, qu'il ne peut pas ne pas avoir été préféré partout où il était possible. — Nous avons vu qu'Aphrodité, κώμη autopracte, n'a pas de garnison propre, mais qu'une partie de ses recrues alimente celle d'Hermopolis : par suite, elle paie une part de l'annone militaire d'Hermopolis (papyrus de Londres, inédit, cité p. 55, note 4). On ne peut donc pas tirer de cette situation particulière un argument contre la proposition énoncée plus haut.

4. P. byz. Caire, 67058, V, 4.

5. Sur ces fonctionnaires (au ɪᴠᵉ siècle) cf. M. Gelzer, *Studien*, p. 49.

L'ἀκτουάριος ou *optio* prend ensuite livraison des denrées au nom de son *numerus* et les distribue aux soldats. Celui-ci est du moins connu par des textes du vi⁰ siècle, que nous avons cités au début de ce chapitre (1). Lui et les autorités du canton s'abouchaient ainsi directement, par leurs délégués respectifs, ἀπαιτητής et épimélôtes. Ainsi les prôtocômètes d'Aphrodité, sous Justinien, reçoivent un avis de paiement ainsi libellé : χρὴ ἐκ τῆς ὑμετέ[ρ]ας κώμης τὸ ὑποτεταγμένον μέτρον εἰσενεγκεῖν καὶ παρασχεῖν τοῖς γενναιοτάτ[οις] στρατιώταις τοῖς ἀπὸ τοῦ ἀριθμοῦ Νουμίδαις Ἰουστινιαν[οῖ]ς (sic) διὰ Θεοτέκνου τοῦ καθοσιωμένου αὐτῶν ὀπτίονος (2). Le blé fourni est immédiatement livré aux autorités militaires. De même les πρίορες des *Transtigritani* d'Arsinoé et les magistrats du village de Kerkê (3). Quelquefois cependant se présente, entre les ἐπιμεληταί délégués par les municipalités et les gens de l'ἀκτουάριος, un intermédiaire : le διαδότης.

Nous venons de voir qu'en certains cas exceptionnels, l'annone militaire pouvait être réquisitionnée d'une ville plus ou moins éloignée de son point de distribution. Or, c'est seulement dans ces cas-là que la διαδότης fait son apparition : ainsi, quand Hermopolis ou Antaiopolis envoient les ἀννωνιακὰ εἴδη à Syène ou à Philai (4), quand d'une autre localité on les expédie sur Hermopolis ou Antinoé, les épimélètes les remettent à un διαδότης qui se charge du transport (5). Ces exemples datent du iv⁰ siècle. Ceux du vi⁰, très rares, peuvent s'interpréter de la même façon. Je n'en vois guère que deux mentions certaines. La première concerne Apollônopolis magna (6) : Δέδωκεν ἐκκλ(ησία) Ἀπόλλωνος, εἰς λόγον ἀννωνῶν τῶν γενναιοτάτων Σκυθῶν Ἰουστινιανῶν ἀγραρευόντων ἐν τῷ

---

1. On peut encore ajouter le P. byz. Caire 67145, qui semble être un compte émané d'un *actuarius*.

2. P. Lond., inédit.

3. B. G. U., 836. Cf. les P. byz. Caire, 67050, 67051 et 67137, quittances de l'ἀκτουάριος aux prôtocômètes d'Aphrodité.

4. Les exemples ont été cités un peu plus haut. Cf. M. Gelzer, *Studien*, p. 49.

5. P. Reinach, 56. Rien ne prouve que l'expéditeur de cette lettre ait résidé à Hermopolis. En tout cas, l'expression ἐπὶ τόπων ne signifie pas forcément « sur les lieux mêmes », mais « dans les garnisons détachées hors de la ville ». Ainsi, dans les quittances de B. G. U., 1025, les mots ἐπὶ τῶν τόπων alternent avec ἐν τοῖς κά[σ]τρ[οι]ς. Cf. P. S. I., 44, 1 : ἐπὶ τόπων Μαύρων (Hermopolis, v⁰ siècle) ; et les τόποι de l'Edit XIII de Justinien.

6. P. Grenf., II, 95.

μοναστηρίῳ Βαΰλλου, ἑξαμήν(ου) κανόνος τεσσαρεσκαιδεκάτης ἰνδ(ικτίονος), χρυσοῦ νομίσματα δύο κεράτια εἴκοσι ἕνα ζυγ(ῷ), γί(νεται) νο(μίσματα) β΄ κ(εράτια) κα΄ ζυγ(ῷ). Κόλλουθος διαδότ(ης) δι' ἐμοῦ Βίκτορος ἀδελφοῦ, στοιχεῖ μοι, etc... Ce couvent, situé probablement dans le désert, comme c'était la coutume, peut avoir été assez éloigné de la ville. Ailleurs, le comte Ammônios possède des propriétés à Aphrodité ; il contribue à l'entretien de la garnison d'Antaiopolis (1). Or, dans ses comptes, on lit une fois le nom du διαδότης 'Ανταίου (2). Ce personnage était peut-être chargé de transporter à la ville les fournitures réclamées des contribuables d'Αφροδίτης κώμη (3). Autant qu'on peut en juger, le διαδότης ne semble donc bien avoir à intervenir qu'au cas où la longueur ou la difficulté du transport empêchait l'épimélète (?) et l'actuarius de traiter directement ensemble.

Les mêmes papyrus nous disent enfin ce qu'étaient ces ἀννωνικά εἴδη distribuées aux soldats égyptiens : blé (4), orge (5), viande (6), vin (7), vinaigre (8), huile (9), paille pour les chevaux (10), etc... Il va sans dire que les annones pouvaient être

1. P. byz. Caire, 67139, fol. V, *recto*, 4.

2. *Ibid.*, fol. V, *recto*, 21.

3. On relève encore dans *Stud. Pal.*, 1192, une mention insignifiante, et d'ailleurs douteuse, du διαδότης : ...ἀκτουάρ(ιος) Σαραποδώρῳ καὶ κοινωνοῖς διαδ(ό)ταις) χ(αίρειν). On pourrait aussi bien restituer διαδ(όγοις) : cf. P. byz. Caire, 67051, l. 7-8 : Φλαύιος Ψάτης ἀκτουάρ(ιος) ...δ(ι') ἐμοῦ 'Ιωάννου Ψάτου διαδόγ(ου) αὐτοῦ.

4. P. Giessen, n° 54 (ιv° siècle) ; P. byz. Caire, 67051 (*adæratio*) ; 67057 (si l'explication de l'abréviation ἀνεκτ(...) par ἀνεκταττόμενα, donnée par M. Gelzer (*Archiv für Papyrusforschung*, V, p. 346, n. 3) est exacte, comme je le crois.

5. P. Giessen, 54.

6. P. Reinach, 56 (ιv° s.) ; P. Flor., 31, 2 (312) ; B. G. U., 1025 (ιv° siècle) ; *Stud. Pal.*, 978 (vιι° siècle). Cf. *Cod. Just.* XII, 38, 1.

7 P. Cairo (éd. Goodspeed), n° xι (ιv° s.) ; B. G. U., 974 (380) ; 1025 ; P. byz. Caire, 67050 ; 67076, 8, etc.

8. P. Lond., III, p. 228 (357) ; *Stud. Pal.*, 978 (vιι° siècle), en même temps que du blé, du vin et de l'huile.

9. B. G. U. 968 (vι° siècle ?) ; P. Lips,, 64, 2 (ιv° s.).

10. B. G. U., 1025. — Il est curieux de constater qu'avant même l'achèvement de la conquête. les Arabes empruntèrent très exactement aux vaincus l'institution de l'*annona militaris*. C'est ce qui ressort d'un passage de Belâdhorî (p. 215) : « Il ('Amr) obligea *chaque propriétaire foncier* (*Cod. Just.*, I, 4, 18 : ἐκ τῶν ....γεωργούμένων) à payer, outre la contribution de deux dînârs, trois artabes de blé, deux *qists* d'huile, deux de miel et deux de vinaigre, pour subvenir aux Musulmans

versées en argent, ἐν χρυσῷ (P. byz. Caire 67050 ; *Cod. Just.* XII, 38, 19 et *passim*) : plusieurs des textes cités dans ce chapitre nous fournissent des exemples d'*adaeratio*. En un mot, ici comme dans les autres questions qui ont fait l'objet de ce chapitre, les papyrus byzantins, sans nous fournir beaucoup de renseignements nouveaux, nous permettent de vérifier l'identité de l'ἀριθμός égyptien avec celui de toutes les autres armées impériales contemporaines.

(de l'armée) ». Cf. P. Lond., IV, 1392 (année 710), où il s'agit d'une livraison de beurre pour les troupes.

CHAPITRE VI

Il est fort malaisé d'estimer avec une exactitude rigoureuse les effectifs de l'armée d'Egypte : là-dessus, aucun témoignage direct ne vient nous éclairer, et nous en sommes réduits à des investigations détournées et à des hypothèses. C'est sans preuve que A. J. Butler affirme comme « incontestable » la « grande supériorité numérique » des Romains à la bataille d'Héliopolis, livrée contre les Arabes (1) ; et il se fait d'ailleurs une singulière idée de l'organisation des forces byzantines, quand il écrit que celles-ci ne pouvaient à ce moment être inférieures à 20.000 hommes, « à part les garnisons des forteresses ». Ces garnisons, on l'a vu, étaient toute l'armée. A quel total on arriverait en calculant ainsi au jugé, l'auteur nous le montre lui-même, quand il évalue, toujours sans références, à « au moins 50.000 hommes » la seule garnison d'Alexandrie (2). Cela fait déjà 70.000 hommes, et nous ne sommes qu'au début ! On approche ainsi des chiffres fantastiques que nous transmet avec sérénité la vantardise des traditionnalistes arabes, — chiffres que je ne rappelle ici que pour mémoire. Ainsi on lit dans Soyoûtî (3) qu'Héraclius, en refusant de ratifier la capitulation d'Alexandrie, aurait écrit au Moqaouqis : « Les Arabes sont venus te combattre au nombre de 12.000... ; tu avais

1. Butler, p. 230.

2. *Ibid.*, p. 292 : « The garrison amounted at this time to not less than 50.000 men ». Nous verrons plus loin qu'elle n'a jamais dû dépasser deux ou trois mille hommes en temps normal ; la retraite des généraux byzantins qui s'y étaient réfugiés put la doubler ou la tripler lors du siège, mais c'est tout.

3. Soyoûtî, I, p. 70, l. 16-19.

avec toi plus de 100.000 hommes bien équipés ». On comprend vraiment la colère de l'empereur. A part ces rodomontades, qui ne valent pas la discussion, nous n'avons aucun renseignement d'ensemble. Heureusement, les résultats obtenus dans les chapitres précédents rendent possible au moins une approximation.

Le diocèse, d'après Hiéroclès, ne comptait pas moins de 84 πόλεις (non compris Alexandrie) ; soit, en ajoutant les trois villes de Tripolitaine annexées plus tard, un total de 87, dont 72 pour l'Egypte proprement dite. J'ai montré qu'en règle générale chaque πόλις avait pour garnison un seul ἀριθμός. Il y a bien eu quelques exceptions où ce chiffre était dépassé, comme en témoigne la situation d'Arsinoé (1) : mais rares, et concernant seulement les grandes villes. Plus fréquent dut être le phénomène inverse, la réunion de deux πόλεις sous l'autorité d'un même tribun : l'exemple du στρατηλάτης καὶ πάγαρχος τῆς Ἀρσινοϊτῶν καὶ Θεοδοσιουπολιτῶν πόλεως est bien connu par les papyrus, et Jean de Nikious signale un cas frappant de cette pratique, au moins à titre temporaire (2). Cette réduction dans le nombre des officiers devait correspondre à une réduction dans l'effectif des troupes : deux πόλεις associées ne conservaient sans doute pas le nombre de soldats qu'elles auraient eu chacune sans la fusion. Nous serons, je pense, assez près de la vérité en attribuant au plus 75 *numeri* au diocèse, dont environ 60 ou 65 aux duchés proprement égyptiens.

Maintenant, quelle est la valeur du *numerus* ? Mommsen a réuni quelques textes d'Ammien Marcellin, d'où il ressort qu'au ıv⁰ siècle cette valeur oscillait entre 300 et 500 hommes (3). Tout en reconnaissant qu'à cette époque-là, le *numerus* était tout près de ses origines (la cohorte légionnaire de 500 hommes), il faut convenir que la même impression, un peu moins nette, se dégage encore des récits de Procope (4). C'est d'ailleurs un principe de

1. V. plus haut, p. 96 sqq.
2. J. N., c. cv, p. 540 (Théophile de Meradà ou Thmouis).
3. *Röm. Milit.*, p. 255.
4. Procope mentionne souvent de petites troupes chargées d'une mission et placées d'ordinaire sous les ordres d'un officier subalterne, qui joue le rôle d'un tribun. Ces troupes, d'importance variable, montent le plus souvent à 300 hommes (*Bell. Pers.*, II, 6. p. 174 (escorte de Germain) ; *Bell. Vand.*, I, 17, p. 385 (Jean, *optio* de Bélisaire) ; *Bell. Goth.*, I, 27, p. 132 (Oïlas), etc... Mais on ne peut pas

tactique, à cette époque, que de faire les ἀριθμοί très inégaux, pour tromper l'ennemi, en campagne, sur l'importance des effectifs qu'on lui oppose (1). En Egypte, nous n'avons qu'une seule donnée précise, relative à Hermopolis : κατηξίωσεν δὲ (Justinien) θείου πραγματικοῦ τύπου ἐνιδρύσθαι τῇ Ἑρμουπολιτῶν [ἀριθμόν τινα γενναιοτάτων Νουμιδῶν Ἰουστινιανῶν, ἀνδρῶν πεντακοσίων ὀκτὼ, πρὸς παραφυλακὴν τῆς Θηβαίων χώρας, etc... (2)] Voici donc un *numerus* de 508 hommes, y compris, sans doute, les gradés. Ce serait cependant une erreur que de tirer de cet exemple unique une règle générale ; tout porte à croire, au contraire, que nous sommes tombés sur une exception. Ce corps de Numides a été sinon créé, au moins remanié par Justinien ; tout récent encore, il est naturel qu'il ait gardé un effectif imposant. Et Hermopolis est une des grosses villes de Thébaïde : ailleurs, les chiffres devaient être plus modestes.

Dans la *Vie de Samuel de Qalamoun*, il est question d'un tribun Maximien, qui envahit un couvent avec une compagnie de 200 soldats, sans doute tout son *numerus* (3). L'Edit d'Anastase, si on l'interprète rigoureusement, donne même des chiffres plus

toujours savoir dans quel cas il s'agit de véritables ἀριθμοί, et dans quels autres, de groupements temporaires formés en vue d'une mission. Plus précis pourtant sont les cas suivants : *Bell. Goth.*, II, 23, p. 251 : καὶ πεντακοσίους πεζοὺς ἐκ καταλόγου, οὗ Δημήτριος ἦρχεν ; ce κατάλογος (= ἀριθμός) était donc d'au moins 500 soldats, sans doute plus ; — dans l'expédition de Bélisaire en Afrique, figurent 5.000 cavaliers sous 13 ἄρχοντες qui, ici, sont certainement des *tribuns* (cf. J. Maspero, Φοιδεράτοι et στρατιῶται..., p. 103, n. 1) ; chacun commande donc à 380 hommes en moyenne, et en effet, quelques lignes plus haut, il est dit que l'un d'eux, Cyrille, emmène 400 soldats (*Bell. Vand.*, I, 11, p. 360) ; — les 400 « Vandales Justiniens » qui réussirent à regagner l'Afrique au lieu de servir l'empire en Orient, sont sans doute un ἀριθμός constitué (*Bell. Vand.*, II, 14, p. 485) ; dans une bataille livrée près de Dara (530), nous voyons combattre deux chefs Massagètes, Sounikas et Aigan, avec 600 cavaliers, 300 pour chacun ; de même Simmas et Askan ont chacun un corps de 300 cavaliers (*Bell. Pers.*, I, 13, p. 62) ; de fait les σύμμαχοι sont le plus souvent groupés par groupes de 300 (*ibid.* : Pharas et ses 300 Hérules ; *Bell. Goth.*, III, 27, p. 417 : Verus), etc... Les troupes de 600 et 800 hommes sont rares, et peut-être formées de deux ἀριθμοί.

1. C'est ce que répète plusieurs fois le Strategikon attribué à Maurice : I, 4, 32 ; II, 19, 76 ; III, 2, 78, etc...

2. P. Lond., inédit (communication de M. Bell). La restitution, insignifiante d'ailleurs, est hypothéthique, puisque je n'ai pas vu le papyrus, et que j'ignore la capacité de la lacune.

3. *Rev. Hist. des Religions*, t. XXX, p. 25.

bas encore ; son paragraphe 7 est ainsi conçu : Ὥστε ἰνσπεσάτου (inspection, conjecture Z. von Lingenthal ?) γινομένου μὴ καταζητεῖσθαι ὡς ἀσθενεῖς ἢ ἀχρείους τοὺς πρώτους ἑκάστου ἀριθμοῦ καὶ κάστρου, τουτέστιν, εἰ μὲν ἑκατὸν εἶεν ἄνδρες, τοὺς πρώτους πένται, εἰ δὲ διακόσιοι, τοὺς πρώτους δέκα, etc... » On prévoit donc, à ce qu'il semble, des ἀριθμοί de 200, même de 100 hommes. Nous sommes loin, on le voit, du papyrus d'Hermopolis. Jean de Nikious, enfin, nous apprend que dans leur intérêt particulier, les officiers préféraient des unités plus faibles (1). La moyenne (théorique) devait être plus proche de 300 que de 500, et puisque nous avons admis la présence de 75 *numeri* environ dans le diocèse, nous sommes amenés à évaluer l'armée cantonnée dans les πόλεις à 23.000 hommes approximativement.

Ajoutons maintenant les éléments que nous avons laissés de côté. Alexandrie dut abriter une garnison considérable pour l'époque : mais on se battait alors avec de très petites armées. Jean de Nikious déclare que lors du siège conduit par Dioclétien, il s'y trouvait « plusieurs milliers de soldats », luxe qui lui paraît excessif, puisqu'il l'explique aussitôt en disant qu'ils étaient là « à cause de la guerre civile » (2). En fixant, par conjecture, l'effectif normal à deux, trois mille hommes au plus, nous sommes donc sûrs de ne pas être au-dessous de la vérité. De plus, les στρατιῶται ne composent pas à eux seuls l'armée d'Egypte ; il y a, dans les κάστρα, les *limitanei*, peu nombreux à la vérité : 3 ἀριθμοί seulement sur la frontière de Nubie. Encore l'un habite-t-il une πόλις, Philai, que nous avons donc déjà comptée. Les détachements qui gardent les citadelles de la frontière sont, par définition, très faibles (3). Le nombre des καστρησιανοί n'a guère pu dépasser quelques milliers. En somme, et tout compris, nous arrivons au total de 29 à 30.000 hommes pour le diocèse entier, dont 25.000 environ pour les provinces nilotiques, le reste en Libye et en Tripolitaine. C'est le chiffre atteint jadis sous Auguste (4) ; ce résultat, obtenu par un échafaudage d'hypothèses,

---

1. Voir plus bas, p. 123. D'après **Ed. XIII, 2, 4.** Maréotis n'aurait que 50 soldats.

2. J. N., c. LXXVII, p. 417 : « C'est avec grande peine... qu'il vainquit la résistance de la ville, où étaient réunis, à cause de la guerre civile, plusieurs milliers de soldats. »

3. *Anon. Tact.*, IX, 3, 8.

4. Cf. Marquardt, *Organisation de l'empire romain*, II, p. 408.

il est vrai, indémontrables, a donc pour lui la vraisemblance. Je l'ai accepté pour une autre raison encore.

Les Arabes, au moins jusqu'à la prise de Babylone, n'eurent sérieusement affaire qu'aux troupes d'Augustamnique et d'Egypte, aidées sans doute de quelques renforts venus d'Arcadie (1) : soit un peu plus de la moitié des forces du diocèse.. Nous savons d'autre part que 'Amr, après les renforts qui lui arrivèrent, disposa d'une quinzaine de mille hommes (2) : Yâqoût dit 16.000, et c'est le chiffre le plus fort qui ait été prononcé. Or il paraît que ce nombre était très suffisant pour tenir la campagne, sans que les envahisseurs se soient trouvés en état d'infériorité. Le Khalife 'Omar, en dirigeant sur l'Egypte les secours que son lieutenant avait sollicités, lui écrivait : « Je t'ai envoyé douze mille hommes ; s'ils sont vaincus, ce ne sera pas à cause de leur petit nombre (3) ». Il semble donc bien que la troupe conquérante était sensiblement égale en nombre à ses ennemis : et si l'on ajoute à ces derniers les garnisons de Thébaïde et de Libye, qui n'intervinrent que plus tard, ou même pas du tout, nous arrivons encore à la même évaluation approximative de 30.000.

Je ne me dissimule pas l'incertitude de pareilles considérations. Si la conclusion est inexacte, elle ne peut en tout cas pécher que par exagération. Le calcul qui précède suppose, en effet, le fonctionnement presque régulier de tous les rouages administratifs, l'application dans la pratique de toutes les règles théoriques. Or ce serait mal connaître le vi⁰ siècle, que d'estimer très probable une pareille régularité. Souvent, l'armée d'une province n'était pas effectivement assez nombreuse pour en occuper toutes les πόλεις, et alors, en temps de paix. on laissait se démunir celles qui ne paraissaient pas menacées. Amida, en Mésopotamie, fut victime de cette négligence, sous Anastase (en 503) : στρατιωτῶν μὲν, ἅτε ἐν

---

1. Les troupes de Libye ne prirent pas part à la lutte, mais leur pays fut l'objet d'une campagne spéciale (J. N., c. cxx, p. 578). Quant au duc de Thébaïde, il ne se joignit à l'Augustal que très tard (c. cxv, p. 562), et escorté de la seule garnison d'Antinoé.

2. Huit mille seulement d'après Eutychios (II, p. 22) ; mais son témoignage est contredit par l'unanimité des autres annalistes, qui hésitent entre 13.500 et 16.000 (cf. Belâdhori, p. 212, 213, 214, qui écrit successivement, d'après des sources différentes, 13.500 et 15.500). Le chiffre de 16.000 est un de ceux qui résultent du récit de Yâqoût (art. Fostât) : 4.000 au départ (ou 3.500) et 12.000 de renfort.

3. Yâqoût, *ibid.* — Même récit dans presque tous les historiens arabes.

εἰρήνη καὶ ἀγαθοῖς πράγμασιν, οὐ παρόντων σφίσι (1). Antioche, à la veille d'une invasion perse est ἀφύλακτός τε καὶ στρατιωτῶν ἔρημος (2). De même sans doute, surpris par l'arrivée inattendue des Arabes, le duc d'Augustamnique avait laissé sans garnison la ville de Rhinocolure, puisque celle-ci ne semble pas avoir tenté la moindre résistance (3). Jean de Nikious (4) nous laisse entendre que les effectifs n'étaient pas tenus au complet, que certains chefs peu scrupuleux cherchaient même à les réduire. L'exemple leur venait de haut, car Justinien lui-même, soit négligence, soit goût intempestif pour l'économie. laissa s'amoindrir à l'excès les forces militaires de la *Romania* (5). A quel point ce mal était général, c'est ce que nous apprend Agathias, quand il constate qu'il aurait dû y avoir 645.000 soldats pour garder l'empire, et que de son temps le total réel des armées ne dépassait pas 150.000 hommes (6). Il est vrai qu'il ne compte sans doute pas les *limitanei* : mais, même en les retranchant, on voit par là que le chiffre qui reste (26.000 ou à peu près) pour représenter l'armée d'Egypte, ne peut être qu'un *maximum* auquel en temps normal on n'atteignait peut-être pas. Lors de l'invasion arabe, le gouvernement de Byzance envoya de faibles renforts (7), et les autorités durent prendre des mesures qui complétèrent les effectifs amoindris : mais, malgré tout, l'expédition d'῍Amr ibn el‘-As se trouve ainsi dépouillée de cet aspect d'épopée grandiose qu'on lui a donné sur la foi des « historiens » musulmans.

Ces réserves faites, il reste cependant que si l'Egypte succomba si facilement aux invasions du viie siècle, ce n'est pas par suite d'une insuffisance de troupes : numériquement, les contingents étaient proportionnés à leur mission. De même les ouvrages de défense placés aux points faibles des frontières étaient en état

1. Proc., *Bell. Pers.*, i, 7, p. 3i.

2. *Ibid.*, ·I, 17, p. 88.

3. Voir plus haut, p. 28, n. 3.

4. J. N., c. cxix, p. 57i.

5. Proc., *Anecd.*, chapitre 24 tout entier.

6. Agathias, V, i3 (p. 3o5-3o6) : δέον γὰρ ἐς πέντε καὶ τεσσαράκοντα καὶ ἑξακοσίας χιλιάδας μαχίμων ἀνδρῶν τὴν ὅλην ἀγείρεσθαι δύναμιν, μόλις ἐν τῷ τότε εἰς πεντήκοντα καὶ ἑκατὸν περιειστήκει.

7. Cf. plus bas, p. i2i-i22. Les généraux que la cour de Byzance fit partir successivement pour l'Egypte devaient amener une escorte avec eux ; pour le dernier, Manuel, il est certain qu'il était à la tête d'une petite expédition.

de résister avec succès. Les *castra* comme celui de Babylone ne
se rendent qu'après des sièges laborieux et difficiles : une obscure
bicoque comme Bilbeis arrête 'Amr ibn el-As pendant un mois (1).
Le *limes* d'Augustamnique rendit fidèlement tous les services
qu'on attendait de lui, rejeta les Musulmans dans le désert et pré-
serva le Delta jusqu'à l'heure où la maladresse des défenseurs du
diocèse le laissa tourner. On a vu (2) avec quel soin les ducs de
Thébaïde entretenaient les remparts du poste de Philai. Sur le
papier, aux yeux d'un chef de chancellerie, l'Egypte est une province très bien défendue : forteresses en bon état, troupes nombreuses, organisées d'une manière simple et pratique. De près,
malheureusement, le tableau se transforme.

Les chapitres précédents, en exposant sa hiérarchie et son organisation, ont déjà laissé entrevoir les vices capitaux de cette
armée d'Egypte. D'abord, elle est morcelée : chacun des cinq ducs
est l'égal de son voisin ; il n'y a aucune unité de commandement (3). Le duc d'Egypte se défendit seul contre Nicétas en

1. Yaqoût, art. Fostât.

2. Cf. p. 26.

3. Je dois cependant rappeler une opinion quelquefois émise, d'après laquelle
l'unité ancienne du diocèse aurait pu être restaurée à la fin du vi⁰ siècle, sous
Maurice : cf. M. Gelzer, *Studien*, p. 32, qui, sans adopter cette théorie, ne la juge
pourtant pas inadmissible. En réalité, les deux arguments qu'il énonce sont sans
portée suffisante :

1° Dans un papyrus d'Apollônopolis magna en Thébaïde, on lit cette curieuse formule de serment : πρὸς ....νίκην καὶ διαμονὴν τῶν γαληνοτάτων καὶ θεοστηρίκτων
ἡμῶν δεσποτῶν Φλ(αουίων) Ἡρακλείου καὶ Ἡρακλείου νέου Κωνσταντίνου τῶν
αἰωνίων αὐγούστων αὐτοκρατόρων καὶ Νικήτα τοῦ πανευφήμου καὶ ὑπερφυ[εστά]του
πατρικίου (*Journ. of philology*, XXII, p. 272). Nicétas a été Augustal d'Alexandrie,
mais ce n'est pas en cette qualité qu'il est honoré en Thébaïde. Jamais le nom des
gouverneurs de provinces n'a été inclus dans les formules de serment. Cela fait
partie, simplement, des honneurs extraordinaires qu'Héraclius lui avait promis, et
qui devaient faire de lui presque l'égal du *basileus* ;

2° L'adversaire de ce même Nicétas, lors de son invasion en Egypte en 609, est
appelé par Jean de Nikious « Jean, le gouverneur de la province (d'Egypte), qui
était préfet du palais et commandant militaire à Alexandrie » (J. N., c. cvii,
p. 542). Il est vrai qu'à la rigueur on peut interpréter « préfet du palais » par
præfectus prætorio, mais le texte n'en dit pas moins que le commandement de Jean
était limité au duché d'Egypte. L'expression doit simplement signifier « préfet
civil », car on ne peut guère imaginer que l'Augustal ait été assimilé à un *præfectus prætorio*, sans exercer pour cela aucune autorité supérieure.

Ajoutons enfin que Georges de Chypre, écrivant sous le règne de Maurice,

609, avant l'arrivée des secours que le comte d'Orient lui amena trop tard (1) : il n'avait pas qualité pour exiger le concours des autres ducs, dont le domaine propre n'était pas menacé. Chacun combattait pour soi : il est certain que le duc de Libye ne prit aucune part à la lutte contre les Arabes, jusqu'au moment où, la vallée du Nil étant conquise, il fut lui-même directement attaqué (2). Le duc de Thébaïde, Jean, était lui aussi resté inactif dans son duché, en attendant le jour où une bande d'Arabes parut devant Antinoé, sa capitale ; les habitants voulaient résister, mais lui s'y opposa et ne trouva rien de mieux à faire que de s'enfuir à Alexandrie, en abandonnant ses administrés (3). Seules, les troupes d'Égypte propre, d'Augustamnique et plus tard d'Arcadie, attaquées sur leur territoire même, concoururent à la lutte générale.

Ce défaut d'entente, qui paralysa la résistance, valut à Bonose, en 609, de faciles succès dans des provinces pourtant presque entièrement révoltées, et sans doute les Perses en profitèrent-ils aussi en 617. C'était là une faiblesse si évidente que le gouvernement de Constantinople s'en rendit compte lors de l'invasion arabe et essaya, un peu tard, d'y remédier par des expédients. Les Musulmans étaient déjà entrés en Égypte, et, par suite, le sort de la campagne bien compromis, quand Héraclius envoya contre eux le *stratège* Jean de Barca (? ὁ Βαρκαίνης), on ne sait à quel titre. Peut-être l'empereur lui avait-il confié la direction supérieure des opérations, mais rien ne le prouve ; quoi qu'il en soit, il n'en profita guère, ayant été vaincu et tué à sa première bataille (4). Après lui, Héraclius dépêcha un certain Marinos, *magister militum per Thraciam* (5) ; le titre de celui-ci lui donnait la supériorité sur les ducs, mais ce ne fut qu'un instant. Battu lui aussi, il s'enfuit et fut destitué. Sans se décourager, l'empereur fit partir un nouveau « stratège », le cubiculaire Marianos, pour « s'entendre avec Cyrus, patriarche d'Alexandrie,

decrit encore le diocèse comme morcelé d'après le système de Justinien, et même un peu plus.

1. J. N., c. cvii.
2. *Ibid.*, c. cxx, p. 578.
3. *Ibid.*, c. cxv, p. 562.
4. Nicéphore Const. [éd. de Boor], p. 24.
5. *Ibid.* : ὁ τῶν Θρακικῶν ἐκστρατευμάτων ἡγεμών.

sur la conduite à tenir vis-à-vis des Saracènes ». S'étant brouillé avec Cyrus, il attaqua les Arabes et fut tué. Si l'on juge par cet exemple du rôle des deux autres, il semble bien que ces émissaires du prince, qui combattirent sans l'appui des ducs indigènes, ne firent pas figure de chefs suprêmes de la défense, mais bien plutôt ajoutèrent à tant d'autres un nouvel élément de discorde. Au reste, leur passage fut éphémère, ils n'eurent pas le temps d'exercer une action sensible sur la marche des événements (1). Nicéphore est le seul chroniqueur qui se soit souvenu d'eux : les autres sources grecques les ignorent, comme les écrivains arabes, comme Jean de Nikious lui-même, l'auteur du seul récit détaillé qui nous soit parvenu de cette guerre (2).

Ce fut tout : quand, beaucoup plus tard, la cour de Byzance se décida à envoyer un nouveau général, Manuel, celui-ci porta le simple titre d' « Augustal » (3), qui montre assez les limites de son autorité.

D'autre part, rien, dans le récit de Jean de Nikious, ne permet de supposer que Théodore l'Augustal ait exercé un commandement supérieur hors de son duché : morcelée par l'édit de Justinien, qui croyait sans doute accomplir un acte de prudence en évitant de créer un grand gouvernement militaire dans la vallée du Nil, l'armée d'Égypte ne réussit jamais à se réunir dans un plan d'ensemble contre les Musulmans.

Pris séparément, chacun de ces ducs devait être en règle générale, d'après le système exposé plus haut (4), tout autre chose qu'un homme de guerre. On connait le cas de Narsès, véritable capitaine celui-là, qui fut duc de Thébaïde vers 535. Tout porte à croire que c'était l'exception. Le rôle principal de ces fonctionnaires, l'Edit de Justinien le montre assez : c'était de faire rentrer l'impôt, surtout d'embarquer les blés de l'annone, et enfin, de

---

1. Il n'en est pas moins surprenant que M. Butler les ait si délibérément écartés de son étude, le premier sous prétexte que la chronologie de Nicéphore est défectueuse (p. 207, n. 3) ; les deux autres (p. 264) en les confondant ensemble par mégarde, et en ne parlant pas des batailles qu'ils ont livrées.

2. Cependant M. Zotenberg a cru reconnaître Jean de Barca dans le *Jean, général des milices* que l'évêque de Nikious mentionne incidemment au chapitre cxi de sa chronique. La vaste lacune qui précède ce chapitre rend bien incertaine cette hypothèse, pour ou contre laquelle on ne peut rien alléguer.

3. Théophane (Bonn), p. 519.

4. V. 82 sqq.

soutenir la politique religieuse du basileus (1). L'Egypte étant, croyait-on, à l'abri d'invasions étrangères, les ducs étaient des administrateurs de bureaux, chargés par surcroît du soin des troupes : vice essentiel de cette confusion des pouvoirs civil et militaire, si chère à la politique de Justinien. L'un ou l'autre, suivant la nature et la situation du pays, était forcément sacrifié. Il faut lire en entier le récit de la conquête arabe dans Jean de Nikious, pour se représenter l'extraordinaire incapacité et l'affolement de ces généraux improvisés.

Le « général » Léonce, envoyé en Arcadie au secours de son duc, est « un homme obèse, sans vigueur, ignorant la pratique de la guerre » (2). Jean, duc de Thébaïde, s'enfuit d'Antinoé aux premiers cavaliers arabes qu'il aperçoit, « emportant tout l'impôt de la ville qu'il avait recueilli ». Ce singulier officier, en présence de l'ennemi, n'avait songé qu'à lever les contributions (3). S'ils ne possèdent pas les qualités militaires, ils ont en revanche les défauts habituels des administrateurs byzantins : la dureté et une avidité qui ne recule pas devant la trahison. Plus d'un a exercé des persécutions violentes, sur l'ordre de l'empereur, il est vrai, contre les Jacobites : ainsi ils ont détruit l'union morale de la population et du gouvernement central, au point qu'il existe un parti musulman (4). Au ve siècle déjà, Schnoudi, le fameux moine d'Athribis en Thébaïde, les accusait de frustrer les soldats de leur solde et de leur annone (5). Au milieu des circonstances les plus tragiques, beaucoup d'entre eux ne songent qu'à leur fortune personnelle. Un jour, dans le conseil de l'Augustal, on discute sur la solde des troupes. Philiadès, duc d'Arcadie, prend la parole et déclare sans hypocrisie : « Au lieu de douze hommes, il vaudrait mieux en avoir un, qui recevrait la solde de douze, et les dépenses en vivres et en

1. Cf. par exemple l'histoire de l'Augustal Rhodon, vers 541 (Proc., *Hist. secr.*, 27, p. 150), à qui Justinien donne l'ordre d'obéir en tout au patriarche Paul, pour restaurer le catholicisme à Alexandrie.

2. J. N.; c. cxi, p. 555.

3. J. N., c. cxv, p. 562.

4. *Ibid.*, c. cxiii, p 559 ; cxiv, p. 560. Cf. aussi c. cxv, p. 562 : « voyant la faiblesse des Romains et l'hostilité des habitants envers l'empereur Héraclius, à cause de la persécution qu'il avait exercée dans toute l'Egypte contre la religion orthodoxe..., les musulmans devinrent plus hardis et plus forts dans la lutte. »

5. Cf. E. Amélineau, *Les Moines égyptiens ; vie de Schnoudi*, p. 205.

solde seraient moindres » (1). M. Zotenberg pense que les mots
« en solde » ont été répétés par erreur, ou qu'il y a une lacune dans
la phrase. Je croirais beaucoup plutôt que la phrase a été mal
comprise par le traducteur arabe ou éthiopien ; car on ne conçoit
guère l'avantage d'une réduction numérique des troupes, si le
chiffre total de la solde reste le même. Philiadès devait proposer
un arrangement analogue à celui des *passe-volants* du XVIIᵉ siècle ;
les douze hommes figuraient toujours officiellement sur le registre
(κατάλογος), et le trésor versait leur solde. Plus l'écart grandissait
entre le nombre prétendu et le nombre effectif des soldats enrôlés,
plus devenaient considérables les bénéfices d'un administrateur
peu scrupuleux. Je ne pense pas, bien entendu, que Philiadès ait
développé aussi nettement cette théorie en présence des autres
chefs : il dut présenter sa proposition comme une économie pour
le trésor, économie qui en soi était déjà singulière. Mais l'émeute
populaire qui fut excitée contre lui à ce propos, prouve qu'on in-
terpréta ses paroles dans un sens plus défavorable encore.

Un autre trait de caractère, bien byzantin aussi, c'est leur in-
souciance de l'intérêt général, leurs rivalités personnelles, leur
absence de solidarité. La « discorde » que suscita « Satan dans
la ville d'Alexandrie » en est un assez bon exemple. Tous les personnages cités dans ce passage (2) ne sont évidemment pas des
ducs provinciaux, mais tous sont en tout cas de hauts officiers,
les directeurs tout désignés de la résistance : « Domentianus le
préfet [tribun d'Arsinoé ?] et Ménas le général étaient ennemis
par ambition du commandement et pour d'autres motifs. Le général Théodore [l'Augustal] prenait parti pour Ménas ; il était mé-
content de Domentianus, parce que celui-ci s'était enfui de Nikious,
et avait abandonné l'armée. Ménas était aussi très irrité contre
Eudocianus, frère aîné de Domentianus...; ils demeurèrent ainsi
en hostilité. Ce fut alors que Philiadès, préfet [duc] d'Arcadie,
arriva. Or, Domentianus était l'adversaire du patriarche Cyrus, etc... » J'arrête ici la citation ; mais ce chapelet continue :
Ménas protège Philiadès, qui le trahit et s'allie à Domentianus.
Ces relations des chefs byzantins entre eux n'ont rien d'anormal ;
les livres des *Guerres*, de Procope, sont remplis d'exemples ana-

1. J. N., c. CXIX, p. 571.
2. J. N., c. CXIX, p. 570-571.

logues : mais moins complets d'ordinaire, il faut l'avouer. C'est que l'indiscipline innée des officiers de l'époque était renforcée chez ceux-ci par des sentiments fréquents de haine mutuelle. Et ceci encore était un des résultats de la politique byzantine, qui avait trouvé ses avantages à choisir nombre de ses généraux parmi les notables indigènes : les questions religieuses les faisaient ennemis de l'empereur et de ses partisans. Ménas (un Egyptien, d'après son nom), en veut à Eudocianus parce que ce dernier « a exercé des violences sur des chrétiens (lisez des monophysites) pour la foi (1). »

Ces constatations ne concernent pas les seuls ducs de *limites* : du haut en bas de la hiérarchie, le spectacle est le même. Pour quelle raison, en effet, les officiers subalternes, les tribuns, seraient-ils plus expérimentés que leurs supérieurs ? Ils sont choisis de la même façon. Ce sont des indigènes, des personnages importants d'un canton, qui en deviennent gouverneur militaire en récompense de quelque service, souvent après avoir déjà reçu les fonctions civiles de pagarque (2). Pas plus que les ducs, ce ne sont des officiers de carrière, et leur incapacité, leur manque d'initiative et d'audace, n'ont d'égal que leur indiscipline. Domentianus, tribun d'Arsinoé, abandonne sa ville sans combat. Chargé par la suite de la défense de Nikious, il s'enfuit une seconde fois, toujours sans attendre l'ennemi (J. N., c. CXII, p. 559 ; CXIII, p. 560 ; CXVIII, p. 568). Faire obéir ces gens-là, même en temps de paix, est une tâche qui dépasse les forces du duc. Jean de Nikious observe comme un fait digne de remarque, qu'Aristomaque, duc et Augustal d'Egypte sous Maurice, « fit respecter par tous les chefs l'autorité de l'empereur (3). » Le contexte montre bien qu'il s'agit là des tribuns. En campagne, c'est naturellement pis encore : peu avant le siège de Babylone par les musulmans, « une grande hostilité régnait entre Théodore le général en chef et les gouverneurs [tribuns] ». Cette insubordination s'amplifie parfois jusqu'à la trahison : Léonce, tribun de Mareotis, ouvrit à Nicétas l'entrée de l'Egypte, en 609 (4) : et l'Augustal Jean, dès l'arrivée du lieutenant d'Héraclius, fut abandonné par la presque

1. J. N., c. cxix, p. 570 ; cf. cxvi, p. 566.
2. V. plus haut, p. 95.
3. J. N., c. xcv, p. 523.
4. J. N., c. cvii, p. 541.

totalité de ses troupes. Après la défaite du « tribun d'Alexandrie », *Liwnâkîs* (Κυνώπης ?) tribun de, Sebennytos, et Marcien d'Athribis furent les seuls officiers du Delta qui restèrent fidèles à Phocas (1). Plus tard, qui sont ces *Kalâdjî* (Κλαύδιος) et *Sabendîs* qui ont passé au parti des Arabes ? Le second, se repentant de sa faute, expliquait sa défection en disant : « J'ai agi ainsi, parce que j'avais été humilié par Jean. » Et le retour de ces étranges capitaines était fêté comme une bonne nouvelle (2).

Les soldats, comme il est naturel, sont dignes des chefs. Le meilleur élément des armées byzantines du vi^e siècle, c'étaient les Barbares (fédérés ou σύμμαχοι), ou les contingents demi-barbares fournis par certaines régions montagneuses de l'Empire, l'Isaurie, la Thrace, l'Illyrie ou la Macédoine. L'Egypte, nous l'avons vu, n'a qu'un très petit nombre de mercenaires barbares à son service : ses *numeri* sont remplis par ses propres habitants. Or, depuis de longs siècles, les Coptes avaient cessé d'être une nation belliqueuse ; les recrues qu'on y levait ne se distinguaient certainement pas par de brillantes dispositions naturelles. Le relâchement de la discipline leur avait d'ailleurs permis de s'adonner d'ordinaire à des occupations qui n'étaient rien moins que belliqueuses (3) ; c'était moins une armée qu'une garde nationale. Les qualités qui lui manquaient, où les aurait-elle acquises ? Avant la crise du viie siècle, les ἀριθμοί égyptiens ne se trouvèrent jamais mêlés à une guerre sérieuse.

J'ai déjà dit qu'à notre connaissance, ils n'ont jamais quitté le diocèse. Au ive siècle, l'organisation était restée plus souple, et les garnisons égyptiennes furent à l'occasion appelées hors de chez elles, chargées d'un rôle dans une guerre d'intérêt général. Théodose les envoie en Afrique lors de la rébellion de Maxime (4) ; sous Valens on les vit peut-être en Syrie (5). La grande réforme qui, au ve siècle, bouleversa les cadres administratifs de tous les services, et sur laquelle malheureusement nous ne savons à peu près rien, comme sur tous les grands événements du ve siècle,

---

1. J. N., c. cvii, p. 544.

2. J. N., c. cxiv, p. 561. C'est l'Augustal lui-même qui « supplie » Kalâdjî de « revenir dans les rangs des Romains ».

3. Cf. plus haut, p. 56-58.

4. P. Lips., n° 63 (an 388).

5. *Ibid*, n° 34 (vers 375).

cette réforme dut en particulier resserrer étroitement les liens qui attachaient à leur territoire les armées provinciales. De fait, au vi⁰ siècle, malgré l'abondance des documents militaires, nous ne constatons aucun fait analogue ; une seule fois peut-être, nous tombons sur l'exemple cherché : mais il est bien douteux et peu significatif. « L'empereur Tibère, écrit Jean de Nikious, adressa un message à tous les guerriers d'Egypte pour les engager à lui prêter leur concours contre les Barbares (1). » Le renseignement est donné sous une forme absurde ; mais on doit, il est vrai, tenir compte des manipulations successives qu'a subies la chronique avant de nous parvenir sous sa forme actuelle. Le texte primitif portait peut-être : ἔγραψε πρὸς τοὺς στρατηλάτας (il écrivit aux ducs) (2) ; mais le traducteur arabe aura confondu le mot στρατηλάτας avec στρατιώτας, les « guerriers ». Le texte ainsi corrigé devient à peu près admissible. Il n'y eut, sous le règne de Tibère II, qu'une seule guerre importante : l'expédition contre les Perses, commencée en l'an 579, et au sujet de laquelle Théophane s'exprime en ces termes : « τότε Τιβέριος μεγάλας δυνάμεις συνήθροιζεν (3). » Ainsi l'empereur n'a pas seulement envoyé contre l'ennemi des forces qu'il avait sous la main, il a « rassemblé » des soldats, c'est-à-dire recruté des mercenaires, auxquels il adjoignit sans doute des corps d'armée provinciaux. Il n'y aurait rien d'impossible, à la rigueur, à ce que l'Egypte ait été appelée, elle aussi, à fournir son contingent.

Mais le passage me paraît suspect à plus d'un titre. Il est intercalé curieusement dans l'épisode d'Aristomaque, qu'il interrompt sans raison aucune. Il devait en faire partie dans le récit original, et on peut sans trop de peine, je crois, retrouver le sens qu'il y avait autrefois. L'empereur a envoyé un « message » aux ducs : Aristomaque reçoit donc un exemplaire de cette circulaire ; à la suite de cette lecture, il retourne à Alexandrie, ignorant le « guet-apens » qu'on lui avait préparé. Donc cette « lettre sacrée » était une feinte, pour l'attirer dans un piège. Le basileus convoque

---

1. J. N., c. xcv, p. 524.

2. Le titre de stratélate, n'étant pas officiel, s'applique aussi bien aux ducs qu'aux tribuns (cf. P. byz. Caire, 67002 (en-tête) et seq. : τῷ ἐνδοξοτάτῳ στρατηλάτῃ ἀπὸ ὑπάτων καὶ ὑπερφυεστάτῳ πατρικίῳ... δουκὶ καὶ αὐγουσταλίῳ τῆς Θηβαίων χώρας).

3. Théoph., p. 385 (Bonn).

les ducs à une entrevue avec son envoyé, le duc André, qui doit arrêter Aristomaque sans défiance. Le motif de cette entrevue est la nécessité de préparer une expédition, mais ce n'est qu'un prétexte, que nous ne devons pas prendre pour un projet sérieux. Si vraiment les forces égyptiennes, à une époque quelconque de la domination byzantine, avaient pris part aux grands combats qui se livraient sur l'Euphrate, les historiens, l'évêque de Nikious surtout, en sa qualité de compatriote, n'auraient pas manqué de nous en informer.

D'autre part, dans les limites du diocèse, rares sont les occasions de se familiariser avec la vraie guerre. Sans doute, il ne devait pas s'écouler de bien longs espaces de temps sans qu'un point quelconque du diocèse eût été l'objet d'une aggression désordonnée de quelque horde de nomades, intitulés à tort ou à raison Blemmyes ou Saracènes (1). Mais c'est tout : plus même d'opérations sérieuses au sud, où les Nobades conservent pacifiquement l'alliance impériale. Et cet ennemi de hasard, qui ne vient pas pour conquérir, mais pour piller, les troupes lancées à sa poursuite ne devaient encore l'atteindre qu'assez rarement.

On a quelquefois parlé aussi d'une « expédition » contre les Blemmyes de Nubie, laquelle, dirigée par Narsès le Persarménien, aurait abouti à la destruction du paganisme à Philai, et à la chute du royaume blemmye (2). C'est là, j'en ai peur, grossir les faits démesurément. M. Revillout a même été jusqu'à parler d'un « exarchat de Talmis » fondé au delà des cataractes par le victorieux général de Justinien. J'ai dit ailleurs ce qu'il fallait, à mon avis, penser de cet exarchat (3). Non seulement la campagne de Narsès n'a pu produire ces résultats singuliers, mais il y a même lieu de se demander s'il y a eu véritablement une « campagne ».

1. Le poète d'Aphrodité nous parle parfois des attaques des Blemmyes, et d'autres papyrus du Musée du Caire y font également allusion (P. byz. Caire, 67009 (verso). 18; 67004, 9 ; 67097 (verso, c), etc... ; Berliner Klassikertexte (tome V, Iᵉ. Heft : poème adressé à Jean duc de Thébaïde); pour les Saracènes, cf. P. byz. Caire, 67097 (verso, c. 1 : οὐ γὰρ ἔτι Βλεμύων γένος ὄψεαι, οὐ Σαρακηνῶν ; 67009, recto (τοὺς ἀλιτηρίους Σαρακηνούς) ; en outre, ajoutons les attaques des Berbères (Samuel de Qalamoun, Rev. Hist. Relig., t. XXX, p. 33 sqq.), des Maures et des Maziques (expédition d'Aristomaque : J. N., c. xcv), etc... Tout cela est bien peu de chose.

2. V. Revillout, Mémoire sur les Blemmyes, p. 70.

3. J. Maspero, Théodore de Philæ (Rev. Hist. Rel., tome LX, p. 306-308).

Narsès fut créé duc de Thébaïde dans les environs de l'an 535 (1). Justinien, raconte Procope, ayant résolu de supprimer le dernier reste du culte païen qui survivait encore à Philai, lui ordonna de détruire les temples encore révérés par les barbares, et d'emprisonner les prêtres (τά τε ἱερὰ καθεῖλε, βασιλέως οἱ ἐπαγγείλαντος, καὶ τοὺς μὲν ἱερεῖς ἐν φυλακῇ ἔσχε, τὰ δὲ ἀγάλματα ἐς Βυζάντιον ἔπεμψεν) (2). Ainsi le dessein de Justinien n'était nullement de porter la guerre en Nubie, mais seulement de faire triompher le christianisme sur un point reculé de son empire, que la politique avait jusqu'alors abandonné à l'idolâtrie.

Procope ne dit pas davantage que les Blemmyes aient été les agresseurs ; il ne dit même pas qu'il y ait eu bataille, omission qui serait étrange si vraiment les Barbares avaient riposté par une attaque à cette provocation. Les choses durent se passer beaucoup plus simplement. L'île de Philai était peuplée de chrétiens, sujets romains : mais le vaste temple d'Isis restait toujours debout, desservi par ses prêtres, protégé par les lois, et chaque année les Blemmyes accourus du Haut-Nil célébraient une fête publique en l'honneur de la déesse. Ce spectacle dut à la longue exaspérer les chrétiens, excités par quelques moines reprenant le rôle tenu jadis à Panopolis par le fameux Schnoudi (3). Des rixes éclatèrent, le fanatisme compliqua les choses, et Justinien, averti, donna ordre de fermer le temple pour faire cesser les troubles.

Si l'on ajoute à ces obscurs faits d'armes la campagne d'Aristomaque contre les Barbares de Libye, qui s'étaient avancés jusqu'auprès du Delta, et qu'il défit, on aura la liste complète de tous les exploits de l'armée d'Egypte au vie siècle, de tous ceux du moins qui, nous ayant été rapportés, doivent être sans doute les plus importants. Cette campagne, s'il faut en croire Jean de Nikious (4), n'aurait pas été sans quelque éclat, au point que « les chroniqueurs » auraient parlé de la victoire de l'Augustal. L'auteur, par malchance, ne nous dit pas quels étaient ces chroniqueurs : ce n'était, en tout cas, aucun de ceux dont nous possédons encore

1. J. Maspero, *Fl. Marianos, duc de Thébaïde* (Bull. Instit. franç. d'Arch. or., t. VII, p. 107).

2. Proc., *Bell. Pers*, I, 19, p. 106.

3. Pour les détails, consulter Amélineau, *Les moines égyptiens ; vie de Schnoudi* (Paris, 1889), notamment p. 329 et suivantes.

4. J. N., c. xcv, p. 524.

J. Maspero. — *Organisation militaire de l'Egypte byzantine.*   9 les œuvres. La gloire d'Aristomaque n'a pas attiré l'attention du monde byzantin.

Ainsi, depuis l'an 452, époque où le général romain Florus conclut avec les Blemmyes un traité définitif, jusqu'à l'invasion perse de 616-617, l'armée d'Egypte ne prit part à aucune grande expédition, soit hors du diocèse, soit sur ses frontières. Tandis que sur d'autres *limites* les troupes grecques avaient à repousser chaque année les attaques redoutables des Perses ou la ténacité rebelle des Maures, elles n'avaient, dans la vallée du Nil, que quelques hordes barbares inorganisées, des écumeurs du désert à combattre. Quelle habitude de la guerre pouvaient avoir des hommes élevés à pareille école? On aurait pu les instruire en organisant un roulement, en transférant, parfois, les garnisons d'un diocèse à l'autre : rien ne laisse supposer qu'on l'ait jamais fait, au contraire. D'abord, le recrutement régional fournissait l'énorme majorité de cette espèce de milice qu'était l'armée d'Egypte : ces Coptes ne servaient que dans leur patrie. Ensuite, en ces époques de guerre perpétuelle, l'empereur ne voulait naturellement pas se priver, sur une frontière menacée, de troupes exercées et solides, pour les remplacer par des recrues égyptiennes dont ç'eût été le premier engagement sérieux.

Aussi bien, dès le vi^e siècle, peut-on voir ce que valent ces *numeri* des ducs égyptiens. Sous l'empereur Maurice, trois frères, Ischyriôn (1), Ménas et Jacques, de la ville de Metelis, pagarques et peut-être tribuns de plusieurs villes du Delta, entrent en rébellion sans motif apparent, chassent le pagarque de Busiris qui s'enfuit jusqu'à Byzance, réunissent une troupe d'aventuriers, et arrêtent au passage les bateaux qui transportaient le blé à Alexandrie ; une sédition éclate dans la ville affamée (2). L'Augustal, Jean, est impuissant à rien arrêter et Maurice le destitue. Ce n'est pas incapacité, puisque les habitants le regrettent et que l'empereur le renvoie peu après ; c'est qu'apparemment les moyens de répression lui manquaient. Rentré en grâce, Jean rassemble des troupes (3) ; mais un condottiere du nom de Théodore, en partie avec des hommes à lui, Cosmas et Bânôn, fut le vrai vain-

---

1. Le nom d'Abaskirôn est pour Ἀπὰ Ἰσχυρίων.

2. J. N., c. xcvii, p. 529-531.

3. La Nubie, ici, doit être une erreur, assez fréquente dans J. N., pour Libye.

queur de la rébellion, que les troupes régulières, à elles seules, avaient été impuissantes à réfréner.

Peu après, dans le nome Panopolite, un chef de brigands nommé Azarias terrorise le canton (1) ; on ne sait quelles mesures prit en cette circonstance le duc de Thébaïde, mais elles durent être peu efficaces, puisque les habitants invoquèrent le secours du basileus. Maurice « envoya contre Azarias un officier d'un rang élevé avec un nombreux corps de soldats égyptiens et nubiens ». Ces derniers mots semblent bien, il est vrai, désigner les garnisons thébaines : mais le commencement de la phrase, et la simple logique, prouvent qu'il ne s'agit pas du duc alors en fonctions, lequel n'aurait pas eu besoin d'un ordre spécial pour entrer en campagne. Il semble donc qu'ici encore, les troupes locales aient été insuffisantes, et que l'empereur ait dû envoyer un renfort, sous le commandement d'un officier étranger au diocèse, (que peut-être il avait nommé duc à cette occasion).

Ainsi, dès la fin du vi^e siècle, le soulèvement d'un brigand ou la rébellion de trois pagarques suffisaient à tenir en échec les armées égyptiennes. La puissance byzantine ne se soutenait guère que faute d'agresseur pour la renverser, et on le remarquait. Cosmas, l'un des alliés du duc Jean contre les rebelles de Metelis, leur criait avant la bataille : « L'empire romain n'est encore ni vaincu ni affaibli » ; il y avait donc des gens pour le prétendre. L'armée, de fait, était nombreuse, mais mal commandée, mal composée, mal exercée, peu sûre avec cela et prompte à la défection.

On a vu avec quelle facilité les chefs évoluaient d'un parti à l'autre, de Bonose à Nicétas, des Grecs même aux Arabes (2). Les troupes suivaient docilement, quand elles ne prenaient pas elles-mêmes l'initiative de la rébellion et de l'indiscipline. Quand 'Amr ibn el-'As, maître de Babylone, commence un marche à travers le Delta, l'Augustal Théodore envoie deux de ses lieutenants, avec quelques régiments, occuper Sebennytos et organiser les garnisons locales en vue de la résistance. Or, « lorsqu'ils rejoignirent le corps des milices, celles-ci refusèrent toutes de combattre les musulmans » (3). Partout, depuis le puissant duc d'un *limes* jus-

1. J. N., c. xcvii, p. 533.
2. J. N., c. cxiv, p. 561 (Sabendîs et Kalàdjî) ; c. cxviii, p. 568 (Cosmas).
3. J. N., c. cxiv, p. 560.

qu'à la recrue enrôlée de la veille, une parfaite anarchie était le trait distinctif de cette armée.

Des chefs sans talent ni expérience militaire pour la plupart, affolés, incapables de suivre un plan d'ensemble, combattant chacun pour soi et en ordre dispersé, des soldats inexercés, d'une fidélité douteuse, tel est le tableau que nous présente, sans y prétendre, le chroniqueur Jean de Nikious. Et par-dessus tout cela des rivalités, des jalousies, des rancunes personnelles, des dissensions religieuses ou politiques. Sans doute, cet élément de faiblesse est commun, jusqu'à un certain point, à toutes les armées byzantines. En lisant ce récit de l'invasion arabe, on se souvient de la haine d'Aétius contre Boniface et de la trahison de ce dernier, qui eut pour résultat indirect, mais presque instantané, la chute de l'empire d'Occident. Bélisaire fut une fois écrasé par l'abstention d'un de ses lieutenants ; la bataille du Yarmouk, qui assura le triomphe irréparable de l'invasion musulmane, fut changée de victoire en déroute par la vengeance d'un officier subalterne contre l'infortuné Manuel. Mais chez les troupes égyptiennes, rien ne vient compenser ces tendances désastreuses : elles ont tous les défauts des armées de l'époque, sans leur courage, ni l'expérience que d'autres ont acquise sur les champs de bataille d'Orient et d'Occident.

Cette situation, — et c'est là le point capital que je voulais mettre en valeur, — est en grande partie l'œuvre du gouvernement byzantin lui-même. L'Egypte, productrice des blés de l'annone, avait tant d'importance dans l'économie générale de l'empire, qu'on eut peur peut-être d'y créer un grand chef militaire, que la rébellion pourrait tenter. Et puis, nul ne pouvait prévoir que ce pays si peu menacé aurait bientôt besoin de ce qu'on lui refusait ainsi. On en était venu à considérer l'armée du diocèse comme une simple garde de police, utile pour la perception souvent difficile des impôts et la protection des villages contre une tribu de Saracènes, trop faible pour tout autre rôle, qu'elle n'aurait d'ailleurs, pensait-on, jamais à soutenir. Sans doute, des causes multiples expliquent les foudroyants succès des Arabes : l'épuisement de l'empire après la victorieuse campagne de Perse, les discordes religieuses, la haine réciproque des Coptes jacobites et des Grecs chalcédoniens. Mais le motif principal de la défaite byzantine dans la vallée du Nil, c'est la mauvaise qualité de l'armée à qui fut confié, contre toute attente, le soin de la défendre.

APPENDICE

—

Liste des garnisons (1) *connues dans le diocèse d'Egypte, aux* VIe *et* VIIe *siècles.*

Nota. — J'ai utilisé, pour la confection de cette liste, les papyrus, les inscriptions, les ruines militaires existant encore aujourd'hui, enfin les textes littéraires, parmi lesquels les chroniqueurs arabes. L'usage de ces derniers demande à être expliqué.

On sera peut-être surpris, en effet, que je m'en sois servi avec tant de réserve ; mais on ne pourrait agir autrement sans imprudence. Les historiens musulmans, même ¡les moins mauvais, comme Belâdhorî, ne nous offrent un récit consistant de la conquête que jusqu'à la prise de Babylone. A partir de là, il reste bien encore, dans leurs narrations, quelques faits sur lesquels ils s'accordent et qui permettent d'imaginer les grandes lignes de la campagne, mais rien qui puisse servir à une étude de l'armée byzantine. D'abord, il faut noter les divergences profondes entre les auteurs, sur les noms des villes conquises par 'Amr, et, par suite, sur le plan de ses opérations et de la défense indigène. Puis, il s'y mêle trop de légendes, de souvenirs de poèmes populaires pareils à ceux qu'a recueillis Al-Wâqidî : l'histoire de la prise de Tinnîs (Θένησος) sur l'Arabe chrétien Aboû Tôr et ses 20.000 soldats, dans Maçoûdî (2), celle plus merveilleuse encore de Chatâ, cousin du Moqaouqis, qui se rallia à l'Islam et donna son nom à une ville voisine de Damiette (3), etc... Il faut sé souvenir que

---

1. Les noms écrits en lettres capitales sont ceux des πόλεις ; l'italique désigne les *castra*, ou les localités secondaires de l'intérieur qui possèdent un petit détachement de soldats, sans constituer une circonscription militaire distincte.

2. Cité par Maqrizî (I), p. 5o7.

3. Fout. Misr, p. 13o ; Maqrizî (I), p. 666.

ces récits furent rédigés après des siècles de tradition orale, par des
gens et d'après des gens qui ignoraient tout de l'Egypte byzantine,
de ses institutions, au point de prendre parfois le Moqaouqis pour
un « roi des Coptes ». Les Arabes, pas même ceux qui firent la
conquête, ne comprirent jamais comment les choses s'étaient passées ; et cette ignorance, jointe à un manque absolu de scrupules
scientifiques, fait qu'on ne peut lire sans défiance beaucoup
de leurs récits, quand bien même ceux-ci n'auraient en soi
rien d'absurde ni d'impossible. On lit dans Belâdhorî, le plus ancien de tous, des passages comme celui-ci : « ('Amr) envoya
Khârigah... vers le Fayoûm (Arsinoé) et Achmoûneïn (Hermopolis) et Akhmîm (Panopolis) et Al-Bachrôdât (l'Eléarchie !) et
les villages du S'aîd (Thébaïde). Khàrigah fit de même (conclut
un traité analogue à celui qui livra Babylone). Puis 'Amr envoya
'Oumaïr... vers Tinnîs (Thénnésos) et Damiette et Toûnah et Da-
mîrah et Chatâ et Dikahlah et Banâ et Boûsîr (Busiris) : et 'Oumaîr
fit de même, etc... (1). » Une énumération de ce genre (Al-
Bachrôdât est placé en Thébaïde) n'inspire qu'une confiance li-
mitée : et on peut se demander si elle repose vraiment sur une
tradition authentique, soigneusement conservée intacte de bouche
en bouche, pendant deux siècles, ou si ce n'est pas une simple
amplification destinée à symboliser la conquête des provinces.

Enfin, les renseignements fournis par les sources arabes le
sont d'ordinaire sous une forme si vague qu'ils n'éclaircissent en
rien la situation militaire des localités qu'ils concernent. Témoin
cet autre passage de Belâdhorî : « Il y avait quelques villages qui
luttaient contre lui ('Amr) ; il fit prisonnier leurs habitants. Ces
villages sont : Belhît (Belhîb = copte Pelhib), Al-Khais, Soltais
(= Sontais) ». Que sont ces « villages » ? Des places-fortes munies de garnisons ? Les centres fortuits d'une rébellion de paysans ?
Ou simplement des champs de bataille, l'emplacement où un
corps de Romains venu d'ailleurs a rencontré un parti de Musulmans ? Dans presque tous les cas, on peut hésiter entre ces diverses hypothèses.

Pour être juste, il ne faut pas oublier que, fût-il mieux fait, le
récit de l'expédition sarrazine ne pourrait servir à nous indiquer
sûrement quel était, en temps normal, le réseau des places-fortes.

1 Belâdhorî, p. 217.

du diocèse. En temps de guerre, on a pu improviser des centres de résistance, établir des retranchements ou des camps là où rien de pareil n'existait durant la paix. On comprendra donc pourquoi j'ai, de propos délibéré, négligé tous les renseignements contenus dans les historiens musulmans, sauf ceux qui concernent le *limes* d'Augustamnique, et qui se présentent avec une netteté suffisante pour permettre leur emploi.

I. — Augustamnique.

1. RHINOCOLURE. — Cette ville frontière était protégée par une enceinte ; Al-Wàqidi (p. 8) déclare qu'un lieutenant de 'Amr, 'Abdallah Yoûqanâ, négligea les *forteresses* qui étaient à sa droite sur le chemin de l'Egypte, c'est-à-dire Rafah (Raphia), Al-'Arich (Rhinocolure), Al-'Adâd, Al-Bakârah (ces deux noms représentent sans doute deux des πόλεις côtières citées par Hiéroclès entre Rhinocolure et Péluse) et Farmah (écrit Qarmah : Péluse). Un témoin plus véridique, Aboû Sàlih, a encore vu au xiiie siècle les ruines des remparts (fol. 56ᵇ) : la cité n'aurait pu être exposée démunie aux attaques des nomades du Sinaï.

II. PÉLUSE. — Ses murailles et sa garnison arrêtèrent deux mois la marche des Arabes (1).

3. *Tamiathis* (Damiette). — D'un passage de Jean de Nikious (CXV, p. 562) il faut probablement conclure que Damiette était fortifiée et défendue par une garnison (cf. *ibid.*, p. 561), au moins au moment de la conquête. Le même texte cite encore Sakhâ (Xoïs), Toûkh et Damsis, mais sans qu'il soit possible d'affirmer ici que ces trois localités aient été autre chose que des champs de bataille.

IV. — TANIS,
V. — PHARBAITHOS,
VI. — BUBASTE,
VII. — ARABIA,

8. *Sanhoûr* : ces cinq villes sont celles que gouverne le « pré-

___
1. Cf. plus haut, p. 28.

fet » Théophile de Thmouis (1) (J. N. CV, p. 540). H. Gelzer, dans le commentaire joint à son édition de Georges de Chypre, montre à bon droit que ce Théophile n'a pu être duc (lire *praeses*) d'Augustamnique IIe : une raison décisive à ajouter aux siennes, c'est que Tanis est dans la *première* Augustamnique. Il conclut que c'est un pagarque. Nous avons vu, en effet, qu'un pagarque put commander à plusieurs πόλεις à la fois (2). Mais ici nous nous heurtons à une impossibilité : Sanhoûr n'est pas une πόλις. Elle ne peut donc avoir eu d'existence indépendante qu'en qualité de *castrum* : précisément elle était située dans la zône du *limes*, près d'Hérôôn. Le mot de *préfet* désigne aussi bien le tribun que le pagarque chez Jean de Nikious (3). Théophile fut donc un tribun ou un *vicaire* ducal commandant à plusieurs garnisons : peut-être un *præpositus limitis*.

9. — *Phelbes* (Bilbeis) }
X. — Héliopolis.
11. *Antônias.*
12. *Babylone* (4).

} Références citées au chapitre II, p. 28 sqq.

XIII. Athribis. — Jean de Nikious, c. CVII, p. 544 : « Marcien, *préfet* d'Athribis.... refusa également de faire cause commune avec les insurgés (en 609). » Il s'agit bien ici d'un tribun militaire, non d'un pagarque, puisqu'on lit un peu plus loin (p. 545): « Bonose avait gagné Athrib, où il trouva les soldats de Marcien prêts à combattre. » Ailleurs (p. 542), ce *préfet* est plus précisément désigné comme *tribun* (apellôn).

XIV. Klysma. — Nous avons énuméré au chapitre II (p. 20, n° 4) les textes établissant l'existence d'un κάστρον.

1. Le mot de Merâdâ (ou plus correctement Mawrad dans la rubrique) n'est autre chose que le nom arabe de la ville de Thmouis (المورد = ΘΜΟΥΙ, *Scala* publiée par Kircher, *Lingua ægyptiaca restituta*, p. 209 ; la variante المورد se trouve dans les *Scalæ* publiées par Champollion, *L'Egypte sous les Pharaons*, II, p. 367 par exemple).

2. Cf. p. 93 (Arsinoé-Théodosiopolis).

3. Cf. p. 74, n. 3.

4. Babylone est très rarement citée dans les textes d'époque byzantine ; les papyrus arabes, au contraire, la mentionnent souvent, sous le nom caractéristique de τὸ Φοσσᾶτον (Pap. Schott-Reinhardt, IX, 11 ; P. Lond., IV, 1335 (l. 5), 1349 (l. 15), 1351 (l. 15), etc...). Cf. la transcription *Bâb al Yoûn*, fréquente chez les annalistes arabes.

15. *Surandala*, près de Magdôlos (1) : ... in quo loco est castellum modicum, qui vocatur Surandala » (*Antonini Placentini itiner.* (vers 570), dans P. Geyer, *Itin. Hier.*, p. 187).

II. — Egypte.

XVI. Alexandrie. — Le fait se passe de démonstration ; nous connaissons d'ailleurs l'*apellôn* de cette ville (2). Un seul des bataillons de la garnison nous est connu par son nom : le νούμερον τῶν Ἰσαύρων dont il est question dans la *Vie de saint Sabas* (Côtelier, *Eccles. græc. mon.* III, 230) de Cyrille de Scythopolis. Le renseignement est sans doute encore valable pour le VIᵉ siècle. Peut-être, enfin, un ἀριθμός de fédérés (cf. chap. III).

17. *Kopreôn* : Théoph. p. 178, 4 : καὶ ὁ ποταμὸς ὠρύχθη ἐν Ἀλεξανδρείᾳ ἀπὸ τῆς Χερσαίου (Khaireon) ἕως τοῦ Κοπρεῶνος. Khaireon étant fortifié (nᵒ 18), l'autre extrémité du canal l'était sans doute aussi. D'ailleurs, on lit dans J. N. c. CVII, p. 543 : « En se présentant devant la garnison de la ville de Kabsên, (les insurgés, en 609) n'inquiétèrent pas la garnison, mais ils mirent en liberté tous les prisonniers, pour qu'ils marchassent avec eux. » M. Zotenberg dit en note : « ce bourg, d'après l'ensemble du récit, était situé à l'ouest d'Alexandrie. » Cette conclusion n'est pas nécessaire, car Nicétas, pour assiéger la capitale, n'a pas forcément pris le chemin le plus court, mais peut avoir choisi le côté le plus faible, qui était justement celui de l'est. Elle est même inadmissible, parce qu'il n'existait, à l'ouest d'Alexandrie, que deux bourgs de quelque importance : Taposiris, — et Maréotis, que Nicétas a déjà passée. M. Butler propose une identification avec un certain « fort Chersonesus » (3), dont il n'est jamais question à l'époque byzantine (*The ar. conq.*, p. 14). Sans rien affirmer, je crois qu'on peut reconnaître Kabsên dans le Κοπρεών de Théophane, qui n'est en réalité qu'un faubourg d'Alexandrie (les Κοπρίαι). La transformation paléographique de l'*r* en *s* n'est pas sans exemple et

---

1. Je ne range pas dans cette liste plusieurs κάστρα ou πόλεις cités au chapitre II, parce que nous n'avons aucun témoignage *direct* de leur existence aux VIᵉ-VIIᵉ siècles.

2. J. N., c. CVII, p. 543 ; cf. plus haut, p. 96, n. 9.

3. Strabon, XVII, 799 C.

s'explique facilement. L's, dans les mots étrangers transcrits en arabe, alterne parfois avec un *z* : c'est ainsi que Sévère d'Achmouneïn écrit constamment Al-Moqaouqiz au lieu d'Al-Moqaouqis (dérivé probable de ΚΑΥΧΙΟϹ). Le nom du dieu Sarapis commence dans certains textes par un *zeïn* (1). Or, entre le *z* arabe et le *r*, il n'y a que la différence d'un point diacritique, ce qui est pratiquement négligeable dans les vieux manuscrits. Un exemple analogue, également tiré de Jean de Nikious, se trouve peut-être dans le nom du duc de Tripolitaine en 606, Kîsîl (= Kyrillos ?)

18. *Khaireon.* — Aux citations d'auteurs arabes données p. 39, il faut ajouter un passage de Jean de Nikious, mentionnant formellement « la garnison de Kérioun » (J. N., c. CXIX p. 570).

XIX. Mareotis-Menelaïtes. — J. N., c. CVII, p. 542 : « Ayant reçu des renforts de Léonce, préfet de Maréotis,... (Nicétas) s'était dirigé vers la Nubie d'Afrique (*sic*). » L'existence de ces στρατιῶται est attestée par Justinien lui-même (Ed. XIII, 1, 15). Ce texte (2, 4) prouve aussi que les deux localités étaient fondues en une seule πόλις.

20. *Koprithis* (Κοπρίδεως κώμη : Georg. Cyp. 715). Le tribun (sans doute militaire) de cette ville est connu par une inscription de Rome (de Rossi, I, 861) : ['A]μμώνιος τριβ(οῦνος) Κοπρίθ(εως). C'est le *Kôm Kahrit* d'aujourd'hui, dans la province de Gharbîeh, près de la ville de Foûah (Metelis) ; c'est donc à tort que H. Gelzer, dans les notes qui terminent son édition de Georges de Chypre, a confondu cette κώμη avec Κοπρεών (n° 17). Koprithis est sans doute la Kafratis que Belâdhorî (p. 222) cite comme prise d'assaut par 'Amr.

XXI. Saïs. — « Dans la ville de Sà, ils [les musulmans] rencontrèrent Esqoûtâos et ses gens, qui étaient de la famille de Théodore le général,... et ils les massacrèrent (2) ». Il s'agit évidemment de la garnison de Saïs. Comme on aura peine à admettre que les soldats étaient tous de la même famille (qui serait en outre celle de l'Augustal), et que d'autre part le nom d'Esqoûtâos est suspect, je ne puis m'empêcher d'indiquer ici une hypothèse, sous toutes réserves naturellement, car il serait dangereux de trop préciser dans toutes les identifications que suggère la chronique éthiopienne.

1. Sév. Achm., *Hist. des Patr.* p. 49.
2. J. N., c. cxviii, p. 568.

L'*e* initial du mot Esqoûtâos est simplement un *alif* prostatique ajouté par le traducteur arabe : le reste du vocable fait songer aux Σκύθαι, que nous rencontrons plusieurs fois dans les garnisons d'autres villes d'Egypte. On pourrait supposer que le texte grec portait à peu près : τὸν στρατηγὸν Σκυθῶν, μετὰ τῶν αὐτοῦ ἀνθρώπων, ὃς συγγενὴς ἦν etc... Le traducteur arabe aurait pris Σκυθῶν pour le nom du stratège. Il faut remarquer que dans les manuscrits arabes le *noûn* et le *sîn* finaux se confondent facilement. Quelle que soit d'ailleurs la valeur de cette conjecture, il paraît bien résulter du texte qu'un *numerus* byzantin gardait Saïs, et y fut exterminé.

XXII. Nikious. — Nous avons vu que cette place était fortifiée. Un passage de Jean de Nikious, il est vrai, pourrait faire supposer, si le fait n'était pas invraisemblable, que cette ville fortifiée n'avait pas de garnison : « les musulmans vinrent ensuite à Nikious et s'emparèrent de la ville, n'y trouvant pas un soldat pour leur résister » (J. N. c. CXVIII, p. 528). Mais c'est que Domentianus, qui venait de recevoir le commandement de la place, l'avait abandonnée à l'approche des ennemis (1).

XXIII. Onouphis. — Jean de Nikious parle de l'*apellón* ou tribun de *Menouf* (c. CVII, p. 542). Dans ma note sur l'*Apellôn*, dans la Revue de Philologie, j'ai traduit par « Memphis » ; c'est une inadvertance. Le contexte prouve qu'il s'agit ici d'une autre ville de *Menouf*, celle qui est située non loin de Nikious. C'est la πόλις d'Onouphis (Hier. 725,3) qui est désignée (2). Le nom arabe de Memphis est *Menf*.

XXIV. Sebennytos. — Le commandant militaire de Semnoud, surnommé Κυνώπης (?), est cité par Jean de Nikious, CVII, p. 544 (3). Un autre tribun de cette ville, Dâres (?), apparaît lors de l'invasion arabe (c. CXIII, p. 560).

---

1. Cf. Jean de Nikious (c. xcv, p. 523) : Aristomaque « plaça des cavaliers dans la ville de Nikious, sans autorisation de l'empereur ». L'irrégularité doit consister à avoir ainsi remplacé un corps de fantassins qui y aurait cantonné auparavant.

2. Cette ville de Menouf, ayant un tribun, est forcément une πόλις : or dans Hiéroclès la ville d'Onouphis est la seule qui philologiquement puisse s'identifier avec Menouf (la forme correcte étant ΠΑΝΟΥΦ, où le Π n'est peut-être que l'article). Ainsi se trouve confirmée l'hypothèse d'Amélineau, qui avait déjà proposé cette identification (*Géogr.*, p. 252).

3. Cf. plus haut, p. 92, n. 1.

XXV. Busiris. — Jean de Nikious (c. XCVII, p. 529) nous fait connaître un « préfet de Bousir » sans préciser autrement ; mais un peu plus bas il parle d'un certain Zacharie « lieutenant de Jean (l'Augustal) à Bousir ». Le second, étant qualifié de « général », est forcément le tribun ; le premier est le pagarque.

III. — Arcadie.

XXVI. Oxyrhynchos. — Un détachement de Scythes (?) (peut-être des Σκύθαι Ἰουστινιανοί). Un papyrus trouvé sur le site porte la mention d'un στρα(τηλάτης) τῶν Σκυθῶν (1) ; ailleurs (2) il est question d'un tribun. Le Foutouh al-Bahnasâ fait de fréquentes allusions à la garnison et aux murailles.

XXVII. Héracléopolis (magna). — Cf. P. Oxy. I, 150 :

Ἐδόθ(η) δ(ιὰ) Φοιβάμμωνος οἰνοχειρ(ιστοῦ) τοῖς ιδ βουκελλ(αρίοις) τῆς Ἡρακλέους (καὶ) Κόμα, ἐλθ(οῦσιν) ἐνταῦθ(α) ἕνεκ(α) τῆς μάχης, etc...

Les bucellaires sont des soldats privés : mais il est question ici d'un combat (μάχη), et aussi, semble-t-il, d'annone militaire. Enfin l'expression « les bucellaires d'Héracléopolis » paraît bien indiquer qu'ils sont chargés d'un service public (voir chap. III, p. 68). C'est peut-être un ancien corps privé que la ville a pris à son compte, et qui a gardé son propre nom. Mais c'est là une simple hypothèse.

Les murailles de la ville (Ahnâs) apparaissent dans le Foutouh al-Bahnasâ (3).

28. — *Koma*, village du nome Héracléopolite. Le papyrus cité plus haut semble indiquer qu'un petit détachement y était envoyé.

XXIX, XXX. — Arsinoé-Théodosiopolis. — Le *stratélate* du canton est connu par quelques papyrus (4) ; d'ordinaire, il est en même temps pagarque des deux πόλεις associées (5). Plus rare-

---

1. P. Oxy.. I, 154, *recto*. La notice contient quelques indications sur ce recto, qui n'est pas publié. Mais il s'agit peut-être ici des Scythes cantonnés en Thébaïde.

2. P. S. I. 47, 6 ; le n° 48 (l. 1) émane d'un ἀπὸ ἀκτουαρίων de la même ville.

3. P. 114.

4. B. G. U., 3 (605) ; 364 (553) ; 725 (615) ; P. Lond., I, n° cxiii, 6 (c), p. 215 (vi^e-viie siècles). Aucun de ces textes ne prouve péremptoirement que le stratélate était distinct du pagarque.

5. B. G. U., 305 (556) ; 320 ; P. Lond., I, n° cxiii, 5 (c), p. 212 (600) ; Führer, 474 (vii° s.).

ment enfin, et encore n'est-ce pas certain, il porte le titre de
tribun (1). Trois ἀριθμοί sont connus pour avoir fait partie de la
garnison :

1° Les Λεοντοκλιβανάριοι (2), cités depuis 487 jusqu'en 531.

2° Les Τρανστιγριτανοί, qui nous apparaissent en 498 : Φλ(αουίῳ)
Πλουτάμμωνι, ἀπὸ καμπιδουκτόρων ἀριθμοῦ τῶν γενναιοτάτων Τρανστιγριτανῶν (3). Ils sont encore là sous Justinien, comme le montre le
papyrus de Berlin 836, requête adressée par les πριόρες de leur
compagnie au comte d'Arcadie (cf. plus haut, p. 75) ; la date la
plus récente est l'an 531 (4).

3° Les Δάκοι, mentionnés par un seul document (5).

La garnison d'Arsinoé apparaît dans l'histoire au vii⁰ siècle ;
c'est pour y jouer un rôle peu brillant : « En apprenant ces événements, Domentianus (gouverneur) de la ville de Faiyoûm,
partit pendant la nuit, sans avertir les gens d'Abôït (?) qu'il
allait abandonner la ville aux musulmans, et se rendit (avec ses
troupes) par bateau, à Nikious (6) ». Ce Domentianus est un
στρατηλάτης καὶ πάγαρχος.

XXXI. Neilopolis. — L'indice est ici assez faible. Dans la *Vie
de Pisentios*, évêque de Koptos au début du vii⁰ siècle, on nous
parle d'un soldat « d'un nome (χώρα) étranger », qui « habite » la
montagne de *Tilodj* (nom copte de Neilopolis) et qui, attiré par
la réputation du saint, vient à Koptos le consulter. Le renseignement, sous cette forme, est peu sûr ; mais il faut observer que la

---

1. B. G. U., 3o3 (586) : ce μεγαλοπρεπέστατος τριβοῦνος n'est probablement
pas un officier. On lit dans B. G. U., 958, *f* : Σωρᾶνος τριβοῦνος καὶ νοτάριος τῶν
δεσποτῶν ἡμῶν Αὐγού[στων]. Mais c'est là un *tribunus notarius* qui n'a rien de
militaire.

2. Papyrus inédits de Vienne ou de Paris, cités par C. Wessely, dans les *Wiener
Studien*, t. XXIV, p. 131 et 136. Variantes : Λεώνων, Ληόνων ou Λεόντων, ce
qui prouve bien qu'ils ne tirent pas leur nom de l'empereur Léon. Cf. P. Amherst,
II, 148 (où il faut lire ἀριθμοῦ | [τῶν γεννα]ιο[τά]των Λε[οντο]κλιβαναρίων ; an
487).

3. P. Lond., I, n° cxiii, 5 (*a*), p. 210.

4. B. G. U., 369 : Φλ. Ἰωάννῃ φλαουϊαλίῳ ἀριθμοῦ τῶν καθοσιωμ(ένων)
Τρανστιγριτανῶν.

5. Führer, 353.

6. J. N., c. cxii, p. 559. A vrai dire, l'adjonction des mots « avec ses troupes »
ne me paraît pas bien nécessaire.

biographie d'où il est tiré ne semble pas dépourvue de valeur historique (1).

XXXII. MEMPHIS. — Son stratélate est cité dans un papyrus de la localité : B. G. U 255 (599).

IV. — Thébaïde.

XXXIII. HERMOPOLIS. — Dès le ive siècle, cette ville est occupée par un bataillon de Maures : on les voit en 340 (2) et en 348 (3). Nous les retrouvons au vie siècle jusqu'en 538 : ἀριθμὸς τῶν ἐπὶ τῆς Ἑρμουπολιτῶν καθιδρυμένων γενναιοτάτων Μαύρων (4). Il y a tout lieu de croire que pendant longtemps au moins ils formèrent à eux seuls toute la garnison. En effet, dans un papyrus de Londres (5) où M. H. I. Bell lit στρητιῶται ἀριθμοῦ ['Αντινοου]πόλεως, et dont la provenance est inconnue, je restituerais plutôt ['Ερμου]πόλεως : car le soldat Fl. Silbanos, fils de Phoibammôn, qui s'y rencontre (en 507) est sans doute le même que le Fl. Silbanos retraité (ἀπὸ στρατιωτῶν) du papyrus 999 (en 538), lequel provient certainement d'Hermopolis.

Justinien, dans ses réformes, vers 539, modifia cette situation, comme en témoigne un autre papyrus de Londres, inédit, dont M. Bell me communique obligeamment cet extrait : κατηξίωσεν δὲ θείου πραγματικοῦ τύπου ἐνιδρύσθαι τῇ Ἑρμουπολιτῶν [ἀριθμόν τινα γενναιοτάτων Νουμιδῶν Ἰουστινιανῶν. Il est donc avéré que Justinien a installé dans la ville un nouveau *numerus*, celui des « Numides Justiniens » ; mais il ne s'en suit pas nécessairement que la garnison ait pour cela compté deux ἀριθμοί. Celui des Maures peut avoir

1. E. Amélineau, *Un évêque de Keft au viie siècle*, p.393 (Mémoires de l'Institut égyptien, t. II).

2. B. G. U., 21, col. II, l. 19.

3. Exemple cité par C. Wessely (*Wien. Stud.*, XXIV, p. 143). Dans la *Notitia Dignitatum*, Or. XXXI, 24, il faut sans doute intercaler *Maurorum* comme à la ligne précédente.

4. P. Lond., III, 1313 (p. 256) (507); P. byz. Caire. 67091, 5, (528 ?) ; P. Lond. III, 999 (p. 270 538), où il faut lire (l. 3-4) quelque chose comme ἀπὸ στρατιωτῶν [τοῦ καθιδρυμ(ένου) ἐν 'Ερμου]πόλει ἀρ[ιθ]μοῦ τῶν Μαύρων.

5. P. Lond., III, 992, p. 253 (507).

été supprimé, et les Numides, dont le nom est si proche, pourraient bien n'être qu'une métamorphose de leurs devanciers.

Le stratélate d'Hermopolis (?) apparaît dans P. Lond. III, 1083, p. 249 (vie-viie s.), et peut-être dans quelques papyrus coptes de Londres (*Catal. of the copt. mss.* par Crum, n° 1051 par exemple).

XXXIV. Antinoé. — Puisque nous rejetons le témoignage du papyrus de Londres 992, en l'attribuant à Hermopolis, il ne reste aucun document publié concernant cette ville. Mais M. Bell me signale l'existence, au British Museum, d'un papyrus inédit qui nomme l'ἀριθμός d'Antinoé. On peut conclure de là que la capitale de la Thébaïde, moins favorisée que celle de l'Arcadie, n'en possédait qu'un seul pour sa défense. La garnison d'Antinoé est citée par Jean de Nikious, pour l'époque de la conquête arabe (1).

35. *Mounptoou.* — Des στρατιῶται, ἀγραρεύοντες dans un village appelé Μουνπτόου, nous sont connus par un papyrus du Caire (P. byz. Caire 67022). Sans qu'on puisse rien affirmer, il paraît probable que cette κώμη (?) se trouve située dans le nome Antinoïte. Il ne s'agit pas, on le voit, d'un ἀριθμός : mais seulement de quelques hommes détachés à la garde d'un fortin, d'un monastère, ou de quelque autre localité secondaire.

XXXVI. Antaiopolis. — La situation de cette ville est aussi très confuse. D'une part, nous rencontrons des expressions comme ὁ ἀριθμὸς Ἀνταίου (P. byz. Caire 67124,22 ; 67137,1), ἀκτουάριος Ἀνταίου (67031,7), qui indiquent que la cité ne possédait qu'un seul *numerus*. D'autre part, nous y constatons la présence de soldats Macédoniens (67002, II, 12 ; 67003,23), d'un ἀριθμός γενναιοτάτων Σκυθῶν (67009,21 ; cf. 67002, II, 12) ou Scythes Justiniens (67057, I, 8) et de στρατιῶται βισίλεκτ(οι) (67057, I, 6) sous un tribun (*ibid.*, II, 7). Il faut probablement, ici encore, faire intervenir la chronologie :

1° Les Scythes portent le titre de Ἰουστινιανοί et sont par conséquent arrivés postérieurement à la réorganisation du diocèse d'Egypte en 539. De fait, nous les rencontrons dans P. byz. Caire 67057, qui est un tableau dressé πρὸς τὸν θεῖον νόμον καὶ τὴν νέαν διοίκησιν c'est-à-dire, d'après l'édit de 539. Les requêtes au

1. J. N.ᵃ c. cxv, p. 563.

duc de Thébaïde, où il est question d'eux (67002, 67009) datent des environs de l'an 567 (1).

2° Au contraire, les papyrus qui parlent d'un ἀριθμός unique, encore qu'aucun ne soit daté, doivent être attribués à une époque antérieure. Ainsi, l'Ἀδριανὸς στρ(ατιώτης) ἀριθ(μοῦ) Ἀν[ταίου] (67124,22) est déjà connu par un document de Florence, du règne d'Anastase (2). Le Στέφανος ἀκτουάρ(ιος) ἀριθμοῦ Ἀνταίου du n° 67137 est sans doute, — monté en grade, — le *soldat* Stephanos du n° 67062 (l. 9). Or ce dernier est une lettre adressée à Apollôs, père de Dioscore, qui mourut vers 542 (3). Tout ceci n'est pas bien probant, mais une foule de détails du même genre concourent à rejeter ces papyrus au moins dans la première moitié du vi° siècle. Il y aurait donc eu, jusque vers 540, un seul ἀριθμός à Antaiou, peut-être celui des Macédoniens, qui continua à subsister d'ailleurs après la réforme (67002, II, 12). Ensuite Justinien ajouta un corps de Scythes décorés de son nom, et les *Visilectes* sur la nature desquels la lumière n'est pas près de se faire.

Un dernier problème reste encore : dans le tableau des dépenses d'Antaiopolis (P. byz. Caire 67057) figurent l'annone des Scythes et celle des Visilectes ; les Macédoniens sont passés sous silence, bien que, nous venons de le voir, ils aient certainement continué d'exister après les changements introduits par Justinien. Peut-être cette survivance fut-elle éphémère. Une seule chose est bien certaine : c'est que la cité, depuis ce règne, posséda au moins deux ἀριθμοί. Telle est sans doute la raison pour laquelle le τριβοῦνος Ἀνταίου (67040 ; 67054, II, 1) fut remplacé par un βικάριος Ἀνταίου (67057, II, 6).

37. *Aphrodité.* — La présence de quelques troupes (en nombre insignifiant sans doute) à Aphrodité est attestée par les papyrus du Caire 67052, 67067 et mieux encore par le n° 67141, où un couvent paie l'annone στρατιώταις τισί (fol. I, *verso*, 12). Cependant il n'est jamais question d'un ἀριθμός d'Aphrodité : et cette localité,

---

1. Sur cette date, cf. *Bull. de l'Instit. francais d'Arch. orient.*, tome X, p. 142.

2. G. Ferrari, *Tre papiri inediti greco-egizi dell' età bizantina* (Atti del Reale Istituto Veneto di Scienze, lettere ed arti, t. LXVII, 2° partie (1907 (8), p. 1185 sqq.), n° 3.

3. Cf. J. Maspero, *Un dernier poète grec d'Egypte* (Rev. des Etudes grecques, t. XXIV, p. 461).

n'ayant pas rang de πόλις, n'a pas droit à en avoir un. De fait, elle paie un traitement au tribun d'Antaiopolis (P. byz. Caire 67040 ; 67034, II, 1) ; ses soldats seraient donc détachés de la garnison de cette ville. Peut-être aussi (mais c'est une hypothèse), a-t-elle servi de quartier à quelques Numides détachés d'Hermopolis, puisqu'elle contribue à leur annone (P. byz Caire 67056, III. 5).

XXXVIII. Panopolis. — Une inscription trouvée à Akhmîm (1) donne le nom d'un certain Δούκκων, στρ(ατηλάτης) ou στρ (ατιώτης) : la première lecture est plus vraisemblable et la présence à Panopolis d'un officier qui s'y fit enterrer prouve qu'il y avait là une garnison. S'il faut lire στρατιώτης, l'exemple est moins significatif ; mais comme les soldats ne devaient guère quitter leurs stationnements, sauf en des cas tout à fait exceptionnels, il faut croire que cet homme faisait partie d'un *numerus* détaché en cette localité. La ville de Panopolis n'étant pas citée dans la *Notitia Dignitatum* comme siège d'un commandement militaire, cette inscription est, par conséquent, postérieure à la dernière période connue de l'armée véritablement *romaine* et nous reporte en pleine époque byzantine. La citadelle de Panopolis est citée pour l'an 450 environ (v. plus haut, p. 41).

Thèbes. — Agathias dit formellement que cette ville contenait une garnison : c'est même la seule qu'il cite, avec celle d'Alexandrie (καὶ ἄλλαι κατὰ τὴν Ἀλεξάνδρου καὶ Θήβην τὴν Αἰγυπτίαν (2). J'ai transcrit ce passage qui est le seul, à ma connaissance, où un historien grec fasse allusion à l'armée d'Egypte : mais je n'y vois qu'un renseignement peu précis, où l'auteur, soit mauvaise information, soit souci de style, a pris Thèbes pour la capitale actuelle de la Thébaïde et employé son nom pour la province entière : Thèbes, d'ailleurs, n'avait plus alors aucune importance et n'avait pas rang de πόλις.

39. *Castra Memnonia*. Un *ostrakon* copte de Medinet Haboû (Crum, *Coptic Ostraca*, n° 253) fait mention d'un soldat. De même deux autres *ostraka*, n°s 113 et 416, qui proviennent peut-être de Cheîkh 'Abd el-Qoûrnah, tout près de là. Le « κάστρον de Djême » est encore cité par de nombreux textes coptes, dont M. Amélineau cite quelques-uns (*Géogr.*, p. 152).

1. Lefebvre, 276.
2. Agathias, p. 306, 5 (*Bonn*).

Cette localité est située sur l'ancien site d'une partie de la Thèbes pharaonique. Mais à l'époque byzantine la vieille capitale, étant déchue, était englobée dans la pagarchie d'Hermonthis. C'est donc sur l'ἀριθμὸς Ἑρμώνθεως qu'était prélevée la garnison du *castrum*.

XL. HERMONTHIS. — L'unique ἀριθμός qui y cantonnait ne nous est connu que sous le nom de la bourgade. Je crois, en effet, que l'abréviation ἀριθμὸς Ἑρμωνθ de BGU 673 (an 525) doit se compléter en Ἑρμώνθεως plutôt qu'en Ἑρμωνθιτῶν comme l'écrit l'éditeur (cf. l'expression ἀρ. Ἑρμουπόλεως.) Par la suite, il est probable que la garnison se trouva élevée à deux ἀριθμοί au moins, puisqu'on rencontre, sous le règne de Maurice, un βικάριος Ἑρμώνθεως (P. Münch., p. 15 ; Inv. n° 102) : cf. p. 98.

XLI. APOLLÔNOPOLIS (ἡ ἄνω). — Un détachement de γεννιότατοι Σκύθαι Ἰουστινιανοί (1). De cette localité provient une pierre tombale au nom de Ῥιγίμερ στρ(ατηλάτου) Σκυθ(ῶν) (2). La *Notitia Dignitatum* n'enregistre pas de soldats Scythes à Apollônopolis : donc l'inscription est au plus tôt du vᵉ siècle. Il est même probable que l'installation de ce *numerus* est due à Justinien et, par suite, la date serait la seconde moitié du vɪᵉ siècle, ou la première du vɪɪᵉ. Un autre stratélate est signalé dans P. Grenfell, II, 89.

Il serait possibe, à la rigueur, que dans P. Grenfell, II, 95 (où rien n'est spécifié), il s'agisse d'Apollônopolis Heptakômias, ville voisine d'Antaiopolis, et qui, à l'époque arabe, ne forma avec cette dernière ville qu'une seule pagarchie. Les Scythes auraient alors quelque chance d'être les mêmes que ceux d'Antaiou, et nous aurions là un exemple d'ἀριθμός partagé en deux. Toutefois, comme l'inscription de Ricimer démontre la présence d'un corps de Scythes à Appollônopolis *magna*, cette conjecture est peu probable.

42. *Baullos*. — Le papyrus qui cite les Σκύθαι précédents les déclare ἀγραρεύοντες ἐν τῷ μοναστηρίῳ Βαύλλου. Mais l'ἐκκλησία Ἀπόλλωνος contribue à leur solde (3), ce qui montre que la *portion*

---

1. P. Grenf., II, 95 ; cité *in extenso*, p. 111 ; cf. P. Grenf., I, 60 (581), l. 56 : ἀριθμός anonyme.

2. Lefebvre, 559.

3. Ou même la fournit tout entière : car les soldats ainsi détachés sont employés, peut-être sur la demande de l'autorité ecclésiastique, à la garde d'un couvent.

centrale est à Apollônopolis et détache une petite troupe à la garde de ce couvent.

43. *Syène*. — L'ἀριθμός Συήνης joue le rôle principal dans les P. Münch., par exemple, p. 10 (τὸ κοινὸν τῶν καθοσιωμένων πρώτων ἀριθμοῦ Συήνης : inv. n° 96, l. 19), p. 16, p. 22, etc... Cf. N. Pal. Soc., pl. 128 ; P. Lond. 1795, 1802 (inédits ; communication de M. Bell) : ἀγουστάλ(ιος) λεγ(ιῶνος) Συήνης.

44. *Eléphantine*. — (φρούριον Ἐλεφαντίνης) : P. Münch., p. 23 (souvent cité au cours de ce travail), p. 14 ; — P. Lond. 1788, 1789, 1790 (inédits) : στρ(ατιῶται) ἀριθμ(οῦ) ἐν Ἐλεφ(αντίνῃ).

XLV. Philai : P. Lond. 1791 (inéd.) : στρ(ατιώτης) ἀριθμοῦ Φιλῶν ναύτης ἀπὸ τῆς αὐτῆς Συήνης.

XLVI. Hibis. — Pour en finir avec la Thébaïde, je rappelle que le territoire de la Grande Oasis est parsemé de forteresses romaines. L'une d'elles au moins, El-Deir, à douze kilomètres environ du site de Hibis (Nadoûrah), fut certainement occupée encore à l'époque byzantine, comme le prouve l'existence d'une chapelle, à quelques mètres de l'enceinte, abondamment pourvue de *graffiti* coptes.

V. — Libye.

XLVII-LI. — Nous avons vu que sous Anastase chaque πόλις de Pentapole avait son ἀριθμός : soit en tout cinq nouveaux ἀριθμοί.

Sous Justinien, la province se décompose entre 6 πόλεις (Hier., 732, 8-733, 3). Elle ne tarde pas, d'ailleurs, à être fondue avec l'autre Libye, pour former à elles deux une seule éparchie (1). Sur le nouvel état de choses, nous n'avons d'autres renseignements que les paroles peu claires de Justinien : καὶ οἱ στρατιῶταί γε μήν, τούτεστιν οἱ ἐκ τῶν Λιβύων (2) Ἰουστινιανῶν καὶ Παρατονιτῶν Ἰουστινιανῶν

1. Ed. XIII, 2, 1. Georges de Chypre, à la fin du vi⁰ siècle, constate que les deux provinces de Libye propre et de Pentapole sont à nouveau séparées (Georg. Cyp., 787ᵃ-794).

2. Ed. XIII, 2, 1. La correction Λιβυκῶν, introduite par Z. von Lingenthal, n'est justifiée par rien ; on lui doit par contre l'utile correction du texte inintelligible παρά τινι τῶν en Παρατονιτῶν. De même, dans le passage cité plus loin, j'ai supprimé après ὑπ' αὐτὸν le mot τεταγμένοι, que l'éditeur, mal inspiré, avait ajouté à tort.

ταγμάτων ἀφωρισμένοι τοῖς εἰρημένοις τόποις... Il ne faut pas en conclure
que le duché entier n'était défendu que par deux ἀριθμοί. Au contraire, l'empereur explique quelques lignes plus haut que toutes
les πόλεις auront leur garnison : βουλόμεθα γὰρ καὶ τὸν Λιβύης περίβλεπ-
τον δοῦκα ἱδρύσθαι μὲν ὡς εἴρηται κατὰ τὸ Παρατόνιον καὶ τὰς ὑποτεταγμένας
αὐτῷ πόλεις, ἐν αἷς ἔσονται ὑπ' αὐτὸν στρατιῶται ταῖς αὐτοῦ κελεύσεσιν
ὑπηρετούμενοι. Il est impossible que deux ἀριθμοί aient suffi à garder les 12 cités de l'éparchie de Libye et à constituer ce que
Justinien appelle une στρατιωτικὴν χεῖρα τῶν κατ' ἐκεῖνα βαρβάρων
ἄρχουσαν. Il est donc probable que plusieurs bataillons différents
portaient à la fois le nom de Λίβυες Ἰουστινιανοί, comme nous avons
rencontré des Scythes Justiniens à Antaiopolis, à Apollônopolis
magna, peut-être à Saïs et à Oxyrhynchos. Peut-être même ces
deux noms sont-ils les noms génériques de tous les bataillons de
l'éparchie, qui ne se distinguaient entre eux que par le nom de
la ville. De fait, nous connaissons au moins quatre πόλεις liby-
ques qui furent fortifiées ou restaurées par Justinien (1) :

PARATONION,
TEUCHEIRA,
BÉRÉNICE,
PTOLÉMAÏS.

Auxquelles il faut ajouter les *castra* suivants, cités par Procope à la suite de ces villes :

52. — *Borion,*
53. — *Antipyrgos,*
54. — *Dinarthion,* ⎱
55. — *Agriolôdès,* ⎰ couvents fortifiés et transformés en *castra.*

---

1. Proc., *De Æd.*, VI, 2.

BIBLIOGRAPHIE

———

A. — Sources grecques et latines

Hier. — Hieroclis Synecdemus, rec. Augustus Burckhardt, Leipzig (Teubner), 1893.

Georg. Cyp. — Georgii Cyprii descriptio orbis romani, ed. Henricus Gelzer, Leipzig (Teubner), 1890.

Geogr. Rav. — Ravennatis anonymi Cosmographia, edd. Pinder et Parthey, Berlin, 1860.

Peregr. — Sanctæ Ætheriæ abbatissæ peregrinatio ; citée d'après l'édition de Geyer contenue dans l'ouvrage suivant (sous le nom de sainte Silvie).

Itin. Hier. — Itinera Hierosolymitana sæculi IV-VIII, éd. P. Geyer, Wien, 1898 (Corpus scriptorum ecclesiasticorum latinorum, t. XXXVIII).

Proc. — Procopii Cæsariensis opera omnia, rec. J. Haury, Leipzig (Teubner), 1905 sqq. Le *De Aedificiis* est cité d'après le *Corpus* de Bonn.

J. Lyd. — Joannis Lydi de magistratibus populi romani, éd. Ric. Wünsch, Leipzig (Teubner), 1903.

Théoph. — Theophylacti Simocattæ Historiæ (Corpus de Bonn).

Ag. — Agathiæ scholastici Historiæ (*ibid.*).

Anon. Tact. — Περὶ στρατηγικῆς, traité de tactique anonyme, éd. Kœchly et Rüstow, Leipzig, 1855 (*Griechische Kriegsschriftsteller*, II, 2, p. 41-209).

Ἑρμηνεία τῶν..... φωνῶν, Vocabulaire de termes militaires, publié à la suite du traité précédent.

Urb. — Urbicius (ou Orbicius) : Ὀρβικίου περὶ τῶν περὶ τὸ στράτευμα τάξεων, opuscule de quelques lignes publié dans l'édition de Londres du *Thesaurus* d'Henri Estienne, t. XI, p. 945.

Not. Dig. — Notitia Dignitatum, éd. Seeck.

Cod. Theod. — Codex Theodosianus, éd. Th. Mommsen et P. Meyer.

Cod. Just. — Codex Justinianus, éd. Mommsen.

Nov. — Novellæ constitutiones, edd. Schœll et Kroll.

Ed. XIII. — De diœcesi ægyptiaca lex... (= XIIIᵉ Edit de Justinien), ed. Zach. a Lingenthal ; appendix altera ad editionem Novellarum Justiniani, Leipzig (Teubner). 1891.

Ed. Anast. — Edit de l'empereur Anastase sur l'organisation militaire de la Libye Pentapole (*Monatsberichte der k. Akademie der Wissenschaften zu Berlin*, 1879, p. 134 sqq.), éd. Zach. von Lingenthal.

B. G. U. — Ægyptische Urkunden aus den königlichen Museen zu Berlin ; griechische Urkunden, I-IV, Berlin (depuis 1895).

P. Amh. — The Amherst Papyri (2ᵉ partie), by B. P. Grenfell and A. S. Hunt ; London, 1901.

P. byz. Caire. — Papyrus grecs d'époque byzantine, par Jean Maspero, I et II, Le Caire, 1910-1912 (Catalogue général des antiquités égyptiennes du Musée du Caire, nᵒˢ 67001-67187).

P. Flor. — Papiri greco-egizii pubblicati dalla R. Accademia dei Lincei, I; Milano, 1906.

Führer. — Papyrus Erzherzog Rainer, Führer durch die Ausstellung, Wien, 1904.

P. Gen. — Les papyrus de Genève, publiés par J. Nicole, I; Genève, 1896.

P. Grenf. I. — An Alexandrian erotic fragment and other greek papyri, chiefly ptolemaïc, by B. P. Grenfell, Oxford, 1896.

P. Grenf. II. — New classical fragments and other greek and latin papyri, by B. P. Grenfell and A. S. Hunt, Oxford, 1897.

P. Leid. — Papyri græci musei antiquarii publici Lugduni-Batavi, ed. C. Leemans, Leiden, 1885.

P. Lips. — Griechische Urkunden der Papyrussammlung zu Leipzig, I ; von Ludwig Mitteis, Leipzig, 1906.

P. Lond. (1). — Greek papyri in the British Museum, ed. by F. G. Kenyon and H. I. Bell, I, III et IV, London, 1893-1911.

Mitth. Rain. — Mittheilungen aus der Sammlung der Papyrus Erzherzog Rainer, I ; par J. Karabacek, Wien, 1887.

P. Münch. — Vorbericht über die Münchener byzantinischen Papyri, von Leopold Wenger, München 1911 (Sitzungsberichte der K. Bayerischen Akademie der Wissenschaften, philosophisch-philologische und historische Klasse, 1911, 8. Abhandlung.

N. Pal. Soc. — The New Palaeographical Society. Facsimiles of manuscripts and inscriptions, ed. by E. Maunde Thompson, G. F. Warner, F. G. Kenyon, VI, London, Oxford, 1908.

P. Oxy. — The Oxyrhynchus papyri, by B. P. Grenfell and A. S. Hunt, I et VI ; London, 1898 sqq.

P. S. I. Papiri greci e latini (Pubblic. della Società Italiana), vol. I, Firenze, 1912.

Stud. Pal. — Studien zur Palaeographie und Papyruskunde, von C. Wessely, Leipzig, depuis 1901 ; fascicules III et VIII.

Wien. Stud. — Wiener Studien, tome XXIV, p. 99-151 : C. Wessely, Die lateinischen Elemente in der Grazität der ägyptischen Papyrusurkunden.

P. Marini. — Papiri diplomatici dall' abbate Gaetano Marini, Roma, 1805.

Lefebvre. — Recueil des inscriptions grecques-chrétiennes d'Egypte, par G. Lefebvre, Le Caire.

C. I. L. — Corpus inscriptionum latinarum.

---

1. Le British Museum possède une riche collection de papyrus byzantins (viᵉ s.), provenant d'Ἀφροδίτης κώμη et encore inédits. Je dois à l'obligeance de M. H. I. Bell la connaissance de curieux extraits de ces documents, qui ont été largement utilisés au cours de cette étude.

B. — Sources orientales

Les plérophories de Jean, évêque de Majuma (Revue de l'Orient chrétien, III
1898), p. 232-259 ; 337-392), trad. F. Nau (cf. *Patr. orient.* VIII, fasc. 1).

J. Eph. — Jean d'Ephèse, Histoire ecclésiastique, trad. allemande par Schönfelder;
München, 1862.

Chron. an. — Chronique syriaque anonyme, trad. latine par I. Guidi (Corpus
scriptorum christianorum orientalium, series III, tomus IV, pars prior).

J. N. — Chronique de Jean, évêque de Nikiou, éd. et trad. Zotenberg (Notices et
extraits des manuscrits de la Bibliothèque nationale, tome XXIV).

Belàdhorî. — Foutouh al-bouldàn (Conquête des pays), éd. de Goeje, Leyde, 1863.

Tabarî. — *Annales* (Tàrîkh ar-rousoul wal-mouloûk), éd. de Goeje, Leyde, 1879-
1890 (tome VI).

Eutychios, I et II (Said ibn Batrîq). — *Annales*. Texte arabe dans le Corpus
scriptorum christianorum orientalium, series III (scriptores arabici), tomes VI
et VII, ed. L. Cheikho, B. Carra de Vaux, H. Zayyat, Paris, 1906 et 1909.
— Une traduction latine a été insérée dans la *Patrologie grecque* de Migne,
tome CXI.

Sev. Achm. — Histoire des Patriarches [d'Alexandrie], par Sévère d'Achmouneïn,
éd. et trad. anglaise par J. Evetts (Patrologia orientalis, tome I, fasc. 4).

Yàqoût. — Dictionnaire géographique, éd. Wüstenfeld, Leipzig, 1866-1873 (article
Fostât).

Maqr. I) — Maqrîzî, Description topographique et historique de l'Egypte, trad.
Bouriant (Mémoires de la Mission française d'Archéologie du Caire, tome XVII)
Paris, 1900.

Maqr. II) — Maqrîzî, Description etc.. , trad. P. Casanova (Mémoires de l'Institut
français d'Archéologie orientale du Caire, tome III), le Caire, 1906.

Soyoûtî. — Housn al-mouhàdharah, éd. de l'imprimerie de Boûlàq, 1299 Hég. Il
se publie au Caire de très nombreuses éditions, qui parfois portent la même
date. Le lecteur pourra donc ne pas retrouver les passages cités à la page
exacte qui aura été indiquée : l'écart n'est jamais de plus de trois ou quatre
pages.

Synax. ar. — Synaxaire arabe jacobite, éd. et trad. R. Basset (*Patrologia orientalis*,
tome I, fasc. 3, et tome III, fasc. 3).

Synax. éth. — Synaxaire éthiopien, ed. et trad. I. Guidi (*Patrologia orientalis*,
I, 5).

Fout. Bahn. — Foutouh al Bahnasà (Conquête d'Oxyrhynchos), attribué à Al-
Wàqidî, trad. Galtier (Mémoires de l'Institut français d'Archéologie orientale,
tome XXII) : le Caire, 1909.

Fout. Misr. — Foutouh Misr (Conquête de l'Egypte), attribué à Al-Wàqidî, édité
par Hamaker (Leyde, 1825) sous le titre entièrement inexact de *Liber de expu-
gnatione Memphidis*.

C. — Ouvrages modernes

E. Amélineau. — *La Géographie de l'Egypte à l'époque copte*, Paris, 1893.
— *Samuel de Qalamoun* (Revue de l'Histoire des Religions, tome XXX, p. 1 sqq.

F. Aussaresses. — *L'armée byzantine à la fin du vi^e siècle, d'après le Strategicon de l'empereur Maurice*, Bordeaux-Paris, 1909.

C. Benjamin. — *De Justiniani imperatoris ætate quæstiones militares*, Berlin, 1892.

A. J. Butler. — *The arab conquest of Egypt*, Oxford, 1902.

P. Casanova. — *Les noms coptes du Caire et des localités voisines* (Bulletin de l'Institut français d'Archéologie orientale du Caire, tome Ier, p. 139-222).

Ch. Diehl. — *Histoire de la domination byzantine en Afrique*, Paris, 1896.
— *Etudes sur l'administration byzantine dans l'exarchat de Ravenne* (Bibl. des Ecoles franç. d'Athènes et de Rome, tome LIII) ; Paris, 1888

M. Gelzer. — *Studien zur byzantinischen Verwaltung Ægyptens* (Leipziger historische Abhandlungen, Heft XIII), Leipzig, 1909. — Sur quelques points, j'ai discuté les idées de l'auteur dans un compte-rendu publié par le *Journal des Savants* (mai 1911).
— *Altes und Neues aus der byzantinisch-ägyptischen Verwaltungsmisere, vornehmlich im Zeitalter Justinians* (Archiv für Papyrusforschung, V, p. 346-377), Leipzig, 1911.

J. Kornemann. — *Die neueste Limesforschung* (Klio, 1907, p. 73-121).

Ch. Lécrivain. — *Les soldats privés au Bas-Empire* (Mélanges de l'Ecole de Rome, tome X, 1890).

J. Maspero. — *Etudes sur les papyrus d'Aphrodité* (Bulletin de l'Institut français d'archéologie orientale, tomes VI et VII), Le Caire, 1908-1910.
— *Les papyrus Beaugé* (ibid. tome X, p. 131-157). Le Caire, 1912.
— Φοιδερᾶτοι *et* στρατιῶται *dans l'armée byzantine au vi^e siècle* (Byzantinische Zeitschrift, tome XXI, 1912, p. 97).
— *Le titre d'apellôn dans Jean de Nikiou* (Revue de Philologie, 1911, p. 15-17).

Th. Mommsen. — *Das römische Militärwesen seit Diocletian* (Hermes, tome XXIV, 1889 p. 195-279).

Neroutsos-bey. — *L'ancienne Alexandrie*, Paris, 1888.

E. Revillout. — *Mémoire sur les Blemmyes*, Paris, 1878 (Ire partie).

L. Wenger. — *Eine Schenkung auf den Todesfall* (Zeitschr. der Savigny-St. XXXII (1911), Rom. Abt., p. 325-337).

I

INDEX RERUM MILITARIUM

Ab actis 87.
ἀγουστάλιος : voir αὐγουστάλιος.
adaeratio 52, 113.
adjutor (officialis) 85, 86.
adjutor (du *numerus*) 105.
ad responsum 87.
ἀκτουάριος **105**, 111.
a libellis 85, **87**.
annone 109-113.
ἀπαιτητής 110.
apellón (= tribun) 89.
apocrisiarius 87.
ἀπὸ στρατιωτῶν 58.
ἀπὸ ὑπάτων 80.
arca 87.
archers 59
ἄρχων φοιδεράτων 63.
ἀριθμός 23, 44, **47-58**, 69, 88, 95-99,
  104-113, **115-117**.
armement **58-60**, 108.
artillerie 59.
αὐγουσταλιανός 85 (n. 3), 86 (n. 3).
αὐγουστάλιος (*sous-officier*) 106.
augustal d'Alexandrie 78, 79.
augustal de Thébaïde 79 (n. 3).
autopragie 55 (n. 4).

Barbares (dans l'armée), 44, **50-52**.
βαρῶν 75.
βενεφικιάλιος 106.
βίαρχος 104.
βισίλεκτοι 109, 144.
βοηθός 86.
βουκινάτωρ 85 (n. 5).
βουκελλάριος 46, **66-68**, 81.

cavalerie 58 sqq.
comitatenses **44**, 47, 100.
comte d'Arcadie 75.
comte des Domestiques 83.
consul 80.

Coptes (soldats) 50 ; 126 sqq. ; (ducs) **83**.

Δάκοι 47, 48, 141.
δεκουρίων 81.
διαδότης 111-112.
δομεστικός 87, 106.
doryphores 66, 85.
δουκικός 85 (n. 3), 86 (n. 3).
δούξ 78, **80-88**.
δρακονάριος 105.
duchés 73-76.
durée du service 58.

ἐνδοξότατος 80.
éparchie 76.
ἔπαρχος ῥεγεῶνος Φιλῶν (?) 102 (n. 2).
ἐπιδημία 81 (n. 6).
ἐπιμεληταί de l'annone 110.
ἐπιμελητής ἐσθῆτος 108.
ἐπιμελητής τιρώνων 52.
exarque 128.
ἐξκέπτωρ 86, **87**.

Fortifications : ch. II.

Haît al-'agoûz 21.
ἡγεμών 77.
hypaspistes 66, 85.

Infanterie 58.
ἰουστινιανός 3, 47, 50 sqq., 80.
Ἰσαύροι 47, 49, 137.

καθωσιωμένος 99 (n. 1).
καμπιδούκτωρ 105.
κάστρα **19-20**, 44, **61**, 90; 100.
καστρησιανοί **19**, 23, 26, **60**, 100.
κατάλογος 69 (n. 2).
κεντηνάριος 105.
κεντυρίων 105.
κιρκίτωρ 106.

II

INDEX GÉOGRAPHIQUE

III

INDEX HISTORIQUE

ADDENDA

Page 3 (cf. pp. 47, 50, 105 etc...). — M. Serruys me fait remarquer qu'à
côté du nominatif Νουμίδαι, que j'ai partout employé, se rencontre chez les
géographes byzantins la forme Νούμιδες(cf. Hippolyte, éd. Bauer, p. 74 et
110, etc...).

Page 11, note 6. — L'existence du couvent de Ste Catherine dès le temps de
Justinien a été sérieusement contestée, comme me le rappelle M. Serruys.
Je ne veux pas prendre ici parti dans cette discussion que j'ai abordée incidemment. Du moins est-il probable que le monastère fut fortifié sous un
empereur byzantin.

Page 61. — Le titre complet de ce Μᾶρκος est peut-être σχολαστικὸς φόρου
Θηβαίδος. Un papyrus de Londres inédit (inventaire n° 1548) nous fournit un
exemple de litige porté devant deux de ces σχολαστικοί (renseignement communiqué par M. Bell).

Page 75. — M. F. Preisigke a eu l'obligeance de faire vérifier, par les soins de
M. Plaumann, la conjecture κόμε(τι) καὶ ἄρχοντι que je proposais pour
B. G. U. 836 : elle a été reconnue justifiée. Il est donc maintenant certain que
le destinataire de la requête est le comte d'Arcadie lui-même, et que ce *comte*
n'est autre que le *praeses* ou gouverneur civil de l'éparchie.

Page 120, note 3. — La qualité d'Augustal, que j'ai attribuée ici à Nicétas, lui a
été récemment contestée par M. L. Cantarelli (*Bulletin de la Société archéolo-
gique d'Alexandrie*, 1912, p. 215-221 : Niceta non fu augustale di Alessandria).
La raison invoquée est que le titre ne lui est donné par aucune de nos sources.
Ce fait n'a pas, à mon avis, l'importance que lui attribue l'auteur de l'article,
car nous ne possédons aucun document officiel sur le séjour de Nicétas en
Egypte. Procope appelle στρατιωτῶν ἄρχων Narsès, qui fut duc de Thébaïde ;
de l'Augustal Héphaistos il dit seulement qu'il exerçait « le commandement à
Alexandrie ». Le poète Dioscore (P. byz. Caire 67055, verso), nomme le duc
Jean πατρίκιος et στρατίαρχος ; le « patrice Constantin » de Jean de Nikious
est l'Augustal, etc... Les cas où le titre est exactement donné sont plutôt
exceptionnels. Nicétas a exercé une haute autorité, et résidait à Alexandrie.
A quel titre ? Les « pouvoirs dictatoriaux » dont parle M. Cantarelli se
conçoivent malaisément ; l'expression est bien vague. Il est si simple d'admettre
que le conquérant de l'Egypte a reçu les pouvoirs réguliers d'un duc et augustal, que je ne vois pas, jusqu'à nouvel ordre, la nécessité de recourir à une
autre hypothèse.

TABLE DES MATIÈRES

Saint-Amand (Cher). — Imprimerie Bussière.

www.ingramcontent.com/pod-product-compliance
Ingram Content Group UK Ltd.
Pitfield, Milton Keynes, MK11 3LW, UK
UKHW022034070726
13613UKWH00002B/511